U0558239

黄炎培年谱（1937年）

主编 唐国良

上海社会科学院出版社
SHANGHAI ACADEMY OF SOCIAL SCIENCES PRESS

编辑委员会

理必求真 事必求是 言必守信 行必踏實

民紀卅年舊除夕書付大能 因敏 共勉之 炎培

事閒勿荒 事繁勿慌 有言必信 無欲則剛 和若春風 肅若秋霜 取象於錢 外圓內方

中華民紀卅二年對日抗戰第六年五月

四兒大能將赴英實習工學於其行也寫我平時所為座右銘與之冀汝立身處世因之有得也

▲ 黄炎培座右铭

▲黄炎培写给毛泽东的信

▲1937年，黄炎培（右四）到苏州高等法院看守所探望被国民党当局逮捕的救国会领导人沈钧儒、邹韬奋、李公朴、沙千里、章乃器、王造时等，在监狱前合影留念（史良被关押在女狱，未一起合影）

▲ 1937 年，黄炎培任国防参议会参议员，并任上海市抗敌后援会主席团主席。年底，淞沪不保，黄炎培准备西撤，这是他西撤前在上海与家人的合影

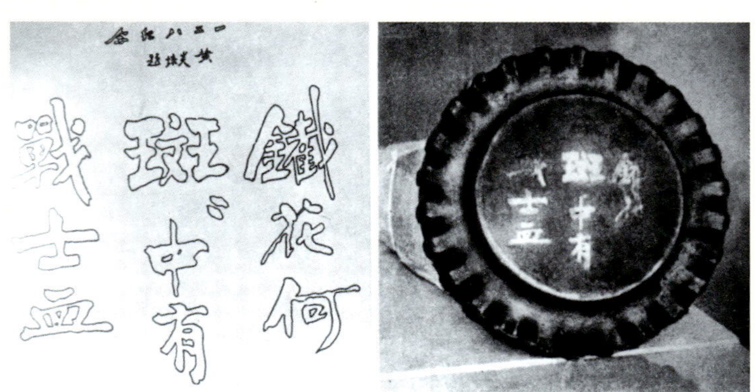

▲ 黄炎培在炮弹底盘上所题诗句

▲1932 年，中华职业学校组织青年义勇军授旗典礼

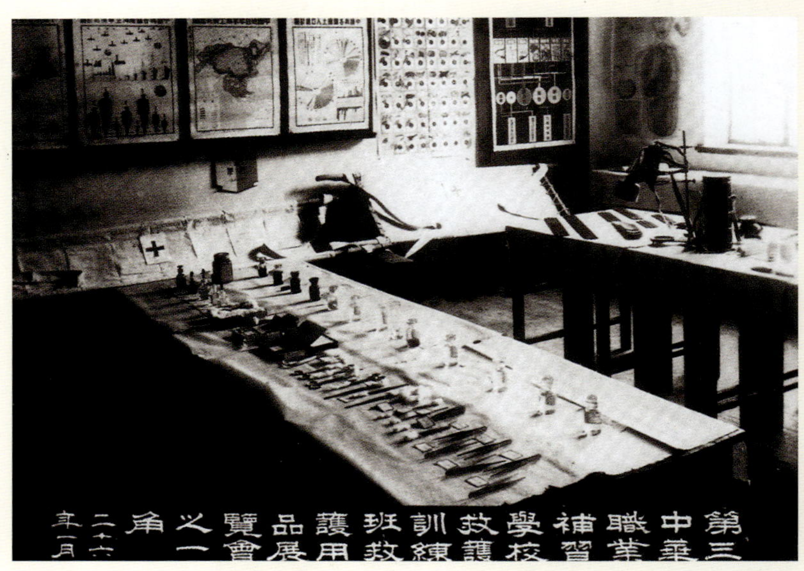

▲1937 年，第三中华职业补习学校举办救护训练班救护用品展览会

▲ 农村改进区组织青年服务团支援前方抗战，这是青年服务团临行前合照

▲ 中华职业教育社旧址

▲ 黄炎培（60 岁）

▲1934 年，中华职业学校商科打字实习摄影

▲1935 年，中华职业学校学生早操摄影

▲ 内史第新貌

▲ 黄炎培故居新貌

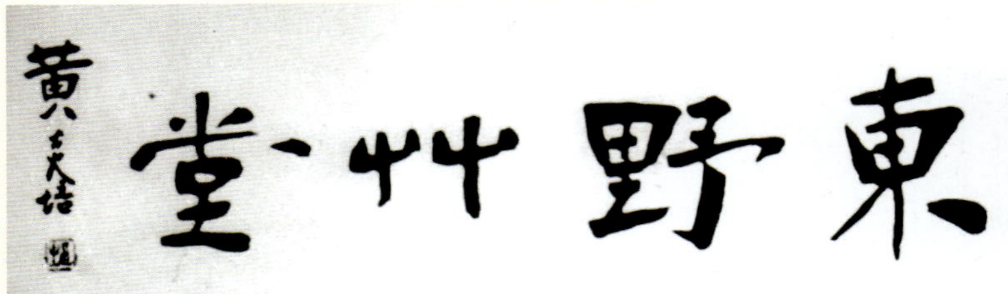

▲黄炎培为东野草堂私塾学校题词

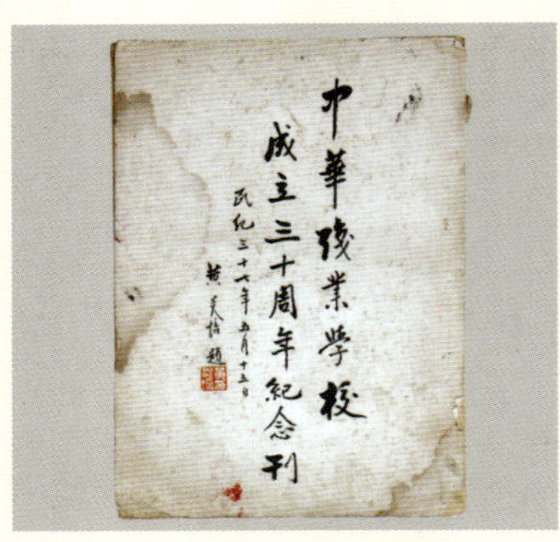

▲《中华职业学校成立三十周年纪念刊》刊影

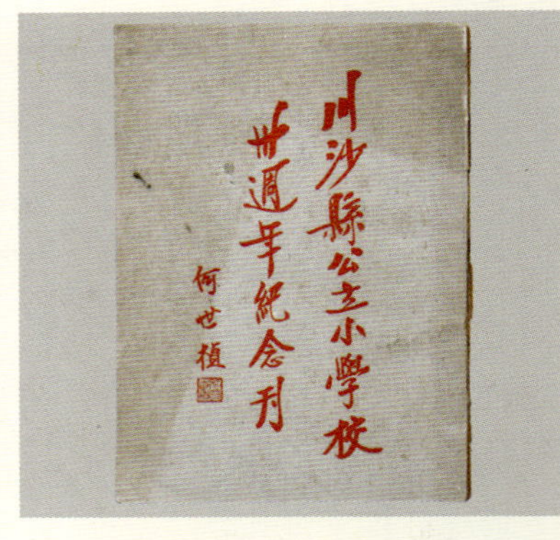

▲《川沙县公立小学校卅周年纪念刊》刊影

▲《延安归来》书影

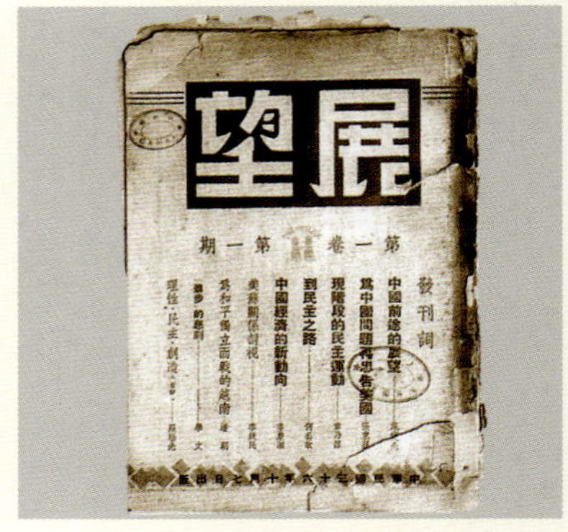

▲《展望》刊影

序　一

黄炎培先生1878年诞生于江苏省川沙县(今属上海市浦东新区川沙新镇),他不仅是中国近现代著名的爱国主义者、杰出的政治活动家和教育家,而且是中华职业教育社、中国民主同盟会、中国民主建国会的主要创始人。

黄炎培先生一生历经清政府、北洋政府、国民政府,见证了中华人民共和国的诞生,无论是开办新式学堂、参加同盟会、参与领导江苏省教育会、参加辛亥革命、主持江苏省教育厅,还是参与领导浦东同乡会、支持民族工商业发展、倡导使用国货、宣传中华文化,再到全力以赴国难、参与民主运动、创建两个政党、参加新政协、建设新中国,在他繁忙的公务中,职业教育是其倾注巨大心血、奔走呼号一生的事业。他始终不渝的爱国主义精神,贯穿其职教事业、政治活动和其他社会活动的方方面面。周恩来总理在1957年中华职业教育社立社40周年纪念会上指出:"职教社是一个知识分子的团体,从职教社所走的道路,也可以看出中国知识分子的历史道路。"黄炎培先生的一生就是这样一条道路的生动写照。

上海是中国共产党的诞生地,也是中华职业教育社的发祥地,这片红色热土上留下了黄炎培先生和职教社先贤的许多奋斗足迹。上海中华职业教育社全体同仁始终牢记嘱托、不辱门楣,把研究好、宣传好黄炎培职业教育思想和生平业绩作为重要使命,并汇聚社内外研究力量长期致力于此。我们不仅举办过"《职教发展新思路》征文颁奖大会"和"黄炎培职业教育思想研究会第十一次学术年会"等高规格、高水平会议,而且编辑出版了《双手万能·黄炎培职业教育思想读本:学生篇》《敬业乐群·黄炎培职业教育思想读本:教师篇》《理必求真·黄炎培职业教育思想读本:综合篇》等系列读物。上海浦东中华职教社、浦东新区文史学会、浦东新区文保所在此过程中充分发挥特色优势,取得丰硕成果。不仅依托黄炎培故居大力宣传黄任老的奋斗历程和精神财富,而且编辑出版了《黄炎培研究文集》《黄炎培诗画传》《辛亥革命中的浦东人》以及《黄炎培在浦东》《黄炎培的故事》等一批学术著作和宣传读物。

研究发现,1937年是黄炎培先生一生中的关键一年。正是在1937年,日本悍然发动七七事变,抗日战争全面爆发,国共两党达成第二次合作,抗日民族统一战线正式形成。正是在1937年,黄炎培先生的爱国救国重点从职业教育与救亡事业并重,转为以抗日救国为主、职业教育为辅,遂有担任上海市抗敌后援会主席团主席、面见蒋介石建议发动群众参加抗战、读《毛泽东传》赞同中国共产党的抗战主张、组织医疗和募捐支前、组建青年战地服务团、大力培养抗日爱国青年等一系列彪炳史册的爱国行动。但是《黄炎培日记》中的1937年部分因为战乱散失,导致他1937年的年谱非常简略,需要以更多的史实补正之。

为此,上海浦东中华职教社、浦东新区文史学会、浦东新区文保所决定编辑出版《黄炎培年谱(1937年)》,以填补研究之严重不足。编写组同志经过4年艰苦努力,查阅黄炎培先生的著述、讲演、公文、函电等史料,翻阅当年的报刊图书以及相关人士的年谱、传记、日记,努力寻觅有价值的线索,填补《黄炎培日记》1937年时段的一些空白。本书中的每一条纪事,都是一段凝重的历史,承载着黄炎培先生不凡的人生,从中可以更好地认识黄炎培先生,学习黄炎培先生,让读者油然而生肃然起敬之感。

出版《黄炎培年谱(1937年)》是为追忆缅怀黄炎培先生,学习他为国为民的高尚情操和始终不渝的奋斗精神,追思他为民族独立、国家富强、人民幸福作出的卓越贡献,同时是上海各界纪念黄炎培先生诞辰145周年的组成部分。

“一分精神全为国,一寸光阴全为民”,是黄炎培先生一生奋斗的忠实写照。面向新时代新征程,我们要以先生为榜样,高举爱国主义旗帜,深入贯彻落实党中央关于职业教育工作的决策部署和习近平总书记有关重要指示批示精神，推动现代职业教育高质量发展，为加快建设教育强国、实现中华民族伟大复兴贡献全部智慧与力量！

2023 年 7 月 15 日

序　二

黄炎培先生是近代中国一位杰出的爱国主义者、民主主义者，又是一位教育改革的实践者。他创办的中华职业教育社一直延续至今，积累的教育改革的成果和宝贵经验，是中国教育改革丰厚的财富。随着中国改革事业的深化，黄炎培先生在当年艰苦条件下的奋斗和取得的成就，更显得弥足珍贵。

黄炎培先生毕生坚持撰写日记，日记内容记述了所处时代大量信息，为我们了解那个时代的政治、经济、文化、社会状况提供了丰富的历史资料，是中国近代史和当代史研究的重要史料。甚为遗憾的是黄炎培先生 1937 年的日记在战乱中遗失。为此，上海浦东新区文物保护管理所、上海浦东中华职教社、上海浦东新区文史学会决定编辑出版《黄炎培年谱（1937 年）》，以填补研究之不足。本书既填补了《黄炎培日记》1937 年时段的一些空白，也是献给黄炎培先生诞辰 145 周年的一份厚礼，具有特殊的意义。

值此黄炎培先生诞辰 145 周年之际，我们缅怀先贤事迹，编辑出版《黄炎培年谱（1937 年）》，填补黄炎培先生革命时期的研究成果。我们很感谢专家学者的合作和支持。本年谱的构成，一部分是专业文史工作者的研究成果，一部分是从事职业教育的研究者和实践者的成果，既有理论的研究，又有实践经验的总结。

从本年谱中，我们可以看到黄炎培先生作为职业教育家为了推广和深入研究职业教育而留下的艰辛足迹，更可以看到抗战期间他作为抗日救亡运动领袖所展示的拳拳爱国之心。他激励着我们砥砺前行，激励着我们为传承和发扬黄炎培先生的爱国、民主和职业教育思想而努力。

中共浦东新区区委宣传部(文体旅游局)

前　言

摆在我们面前的，是即将出版的黄炎培先生 1937 年的年谱。了解情况的朋友说，这部年谱对黄炎培先生思想的研究有着特殊的意义，起到了填补研究空白的作用。而这么重要的一个课题，缘自我们在文史研究时一次意外的发现。

那还是 2019 年春天的事情。

2019 年，是新中国成立 70 周年，也是上海浦东解放 70 周年。浦东新区文史学会为了发掘整理浦东解放的红色印迹，到浦东新区党史办公室查阅《黄炎培日记》等史书。调研中，无意间发现毕生坚持写日记的黄炎培，1937 年的日记记录竟然是空白，这真是一件十分意外而又深感遗憾的事情。

黄炎培(1878—1965)，字任之，别号抱一。

众所周知，黄炎培是中国近现代史上因作出过杰出贡献，而留下深深印迹的社会活动家、职业教育家。他大仁大勇，大智大慧，是受到中共高度评价的党外人士的楷模，也是浦东的骄傲。

1937 年，在中国革命史上也是极为重要的一年。这一年，国共两党经过多次谈判，各自摒弃前嫌，重新合作，宣告抗日民族统一战线正式形成。而 1937 年 7 月 7 日的卢沟桥事变，标志着日本全面侵华战争的开始，也是中国全面抗战的开端；震惊世界的淞沪会战，成为我国由局部抗战转向全面抗战的转折点，这在国际反法西斯斗争中占有极其重要的地位。

1937 年，对黄炎培先生来讲，也是“生我辉辉六十春”的一个特殊年份。面对国难当头、民族危亡的时刻，他以多种形式参加抗日救亡运动。上海沦陷前的1937年11月8日,他不得不含恨撤离上海。也许,在这兵荒马乱的艰难旅途中,珍贵的日记手稿丢失了。

缺失的日记是无法弥补的。为了填补这一空白,2019年春节过后,浦东新区文史学会很快成立了课题组,抽调力量着手整理黄炎培先生1937年的年谱,为黄炎培思想研究做一件有意义的实事。选题策划也得到了中华职教社浦东分社的支持。经与黄炎培故居管理所领导协商研究后,2019年5月10日,浦东新区文史学会、中华职教社浦东分社的同志在黄炎培故居再次研究,形成了共识,立项成立黄炎培年谱课题组,正式启动年谱的编写工作。

众所周知,年谱的编写要求高、难度大,是一件劳累而繁复的工作。幼年曾在黄炎培故居“内史第”生活的著名学者胡适,曾把编写年谱比作“拿绣花针”的差事,说“用大刀阔斧的人也须要有拿得起绣花针的本领”。黄炎培也提到“川流不息浦江东,沙里淘金责任重”。编年谱,就是“沙里淘金”,想方设法整理成准确、可靠、可信的史料。要了解谱主80多年前的活动,不是一件简单容易的事,参与课题的同志,查阅谱主本人著述、讲演、公文、函电等第一手史料的同时,还翻阅了当年的报刊图书,以及相关人的年谱、传记、日记,从中寻觅有价值的线索。

功夫不负苦心人,经过前后4年坚持不懈的努力,征到的史料之多,内容之丰富确实出乎意料。

沿着谱主80多年前的人生道路,人们可以看到一位社会活动家除了上海、江苏之外,视察江西、湖南、广东、广西等地的活动身影,可以看到一位职业教育家为了推广和深入研究职业教育而留下的艰辛足迹,可以看到黄炎培先生为了造福乡里在家乡浦东修建海塘、支持办学、改革农村所做的一件件实事,更可以看到淞沪会战期间作为公推的上海地区抗日救亡运动领袖所展示的拳拳爱国之心。

本年谱旨在全面、翔实地记述黄炎培先生1937年活动、事迹和思想,内容主要采集自档案史料、名人年谱和报刊原件、谱主本人著述。年谱中每一条纪事都是一段鲜活的历史,承载着黄炎培先生不平凡的人生,从中可以更好地认识黄炎培先生，读后令人肃然起敬。

本年谱编写按月日顺序编列，并用年谱长编的体例要求，以原文摘录为主，或全引，或节选。如所引资料无确切日期者，采用“是月”置于该月月末。对所引资料一般不作改动，仅对繁体字、异体字等进行修改。另外，书中附有照片、手迹、书影若干幅，置于目录前。

编辑黄炎培先生 1937 年的年谱，既填补了黄炎培研究的一个空白，也是纪念谱主诞辰 145 周年的一份心意。编辑过程中，面对黄炎培先生 1937 年如此频繁的社会活动，尽管课题组的同志查阅了大量史料，仍有不少报刊难以涉及，因而难免有疏漏不足。加上编者水平有限，权当是为日后编纂《黄炎培年谱》进行大胆尝试和铺垫，敬请专家学者和读者朋友批评赐教。

唐国良

2023 年 4 月 6 日

目　　录

1 月

1 日　发表《健康家庭》创刊词

《健康家庭》创刊词

满堂明晃晃的花灯，一阵一阵陶醉群众心魄的音乐，成双的傧相搀扶着，一大群男女亲友簇拥着，一步步踏进洞房，揭起了垂垂着的锦幔，显露出芳香浓烟的衾绸。酒阑客散，一双情侣，度无价之春宵，这就是家庭的开始。

春到人间，满城锦绣，双双倩影，携手花间。欢乐无边，流光如矢。三五月明之凉夜，重阳风雨之萧晨，喁喁唧唧地，谈家常，谈童年故事，谈乡里遗闻，谈古往今来天下国家大事。忽而词锋一转，涉及米盐琐屑，衣食烦忙，感入世之无聊，幸同心之有伴。大抵家庭过来人，没有不领略到个中况味的。

男女结伴旅行，为情爱根苗所从茁。亦既谐成伉俪，则无拘无忌，方便尤多。即论作者夫妇生平，东登泰岱，西上峨嵋，于普陀见日出之奇，于星浦得海浴之乐。过汉城登明月之楼，游箱根荡湖尻之桨。乃至劳山之瀑，匡庐之云，象池百十为群的猕猴。青城千七百年的老杏，没有一地不是携手同游以为快乐。即今日一般士女慕物犒军所指定的绥远，愚夫妇亦早游览过而且住宿过。半夜里听远远地山脚下狼嗥声，使人悲哀，使人恐怖，此情此景，忽忽十年。虽称我俩家庭为旅客的家庭，亦无不可。

夫出游，妇家居，因离别而更增情感。“家书抵黄金”，几乎视绿衣人为天使。一电传来，某月某日某时某船到埠，久别相逢，使南浦绿波，立刻荡为情海。我们想都读过一千三百年前诗人陶渊明《归去来辞》了。“乃瞻衡宇。载欣载奔，童仆欢迎，稚子候门。”我们不可给诗人欺瞒过，不相干的童仆，尚且欢迎，情窦未开的稚子，尚且候门，这是诗人用他的妙笔反映出中间还有一位多情的陶夫人,不知怎样欢天喜地哩。渊明先生总算是一位头等高淡而闲冷的诗人了。望见了家门,"欣"喜到极点,竟会忘其所以,拔出脚来"奔",可见家庭吸引的魔力实在大。

夫下田,妇送饭,男耕女馌,是农家夫妇共同操作惯用的方式。都市不然。重楼阛阓之场,百工纺织之肆,青年士女,共同操业其间。视工作之重轻,定男女之性别。每当红日平西,明灯初上,衣香鬓影,列队如云。一入家门,各释重负。载色载笑,话一日之辛劳。其或学海鸳鸯,结成佳偶,夫登讲席,妇执教鞭,课毕同归,或代搜参考之书,或分阅试期之卷。证新知而大乐,指修学以为媒,新世界家庭生活,大都如此。

"家庭之乐乐何如?"然而困难复杂的问题,也就从此发生了。

男欢女爱,变为夫唱妇随。一转眼间,结晶成品了。一索再索,儿女成行。襁褓中识"之无"两字,爱其聪明;长日和村童竹马嬉游,又不免忧其顽荡。从此想到教育问题了。夫妇之间,偶然反目,父母互相责骂一次,便使儿女暴烈性情增进一层。父母业余小酌,则儿女索饮而攀杯。父母赌戏逢场,则儿女环观而辍学。方知不怒,故孔子家儿不知怒;曾子不骂,故曾子家儿不知骂。家长一时不检之行为,足以影响于儿辈终身之德性。可怕!可怕!

罪恶之根,在争私利。权威之大,无过金钱。金钱金钱,简直是夫妇情爱间的大敌,囊里空虚,则度日如年,使室人因之交谪;手头活泼,则闲情逸兴,又使闺中因而生疑。贫穷之游子,妻嫂闻归而不肯下机。富厚之人家,兄弟争产而不思息讼。可知家庭间,处贫须有道,处富亦须有道。又况世风奢侈,市况繁华。论服食则一衣一席之费,何止千金。论赌博则十万百万之家,倾于一掷。可怜瑟缩街头的丐公丐婆,就是当时贪欢纵欲两夫妻的一出收场戏。

"老尚康强真幸福,身无疾病便神仙。"家庭最可怕事,要算疾病。市上居家密接,则疫病最易流行。膝前儿女繁多,则医药每难间断。冬室暖,夏室凉,设备精而周,抗病之机能愈弱。西医好,中医好,广告多而滥,延医之辨别尤难。纵欲愈甚,致病愈多。球狗猖狂,享欢娱于一夜。沉吟床箦,贻苦痛于全家。健康两字办不到,更何贵乎金钱?更说不上教育。

沪上有心人士,鉴于家庭问题如此复杂,如此困难,人人求健康,而实不易收健康功效。在此国难严重时期,愈想到民族复兴,必从根本着手。乃创家庭健康出版社,借亦庄亦谐的笔调,写入情入理的文章。将使红男绿女,到眼成春,定须活色生香,行文脱俗。第一期新娘号定于民国廿六年一月一日出版。即将发刊旨趣,率直地贡献于读者之前,更拟一副春联,作为新年颂祷的文字,写如下幅:要使有情男女结成眷属尽是神仙,须知快乐家庭除却健康更无幸福。

(《健康家庭》1937 年第一期,第 5 页)

5 日　出席上海地方协会新年茗谈会

[本报讯]本市地方协会,于昨日下午五时,在中汇大楼会所,举行新年茗谈会。会场门首,扎有“新年茗谈会”彩额一方,场内布置盆花,绕以彩带,甚为简洁。计到驻美大使王正廷,文学家熊式一,会长杜月笙、钱新之,会员黄任之、任矜苹、王揆生、穆藕初、项远邨、徐采丞、陈济成、李祖绅、吴凯声、朱少屏、陈光甫、胡筠秋、胡筠庄、李一秋、杨志雄、赵晋卿、黄延芳、罗又玄、秦润卿、潘仰尧、杨卫玉、陆伯鸿、张翼枢、瞿钺、陶乐勤、任稷生、金润庠、周邦俊、徐永祚、魏文翰、王伯元、汪伯奇、俞叶封、潘志文、刘鸿生、王志莘、庞京周、冯炳南、(黄任之代)许冠群、项康原、何德奎、李祖夔、颜福庆、林康侯、徐新六、朱学范、陆京士。

(《申报》1937 年 1 月 6 日)

5 日　欢迎前航空协会干事张裕良

[本报讯]新声社云,前航空协会干事张裕良,新自南京中央防空学校研究防空毕业归沪,杜月笙、黄任之等,前日特假座浦东同乡会,设宴为之洗尘。席间由张君报告防空在国防上之重要性,民间应如何防空,市民对于防空应有认识等,阐述甚详,颇引起听众之注意云。

(《申报》1937 年 1 月 7 日)

21日　撰写《民国二十五年后国人心理的改造》一文

为《大公报》写一文,题为《民国二十五年后国人心理的改造》。认为去年一年国内各种问题的解决,反映国人有一共同的心理,即,"谋求民族的生存"。因此,为抵抗外侮,要求政府能遇事公开,不满政府者亦应消除猜疑心理,庶能上下一心,团结对敌。

(《黄炎培年谱》,第117页)

录全文如下:

民国二十五年后国人心理的改造

著者草此文时,西安事件的状态,尚在混沌而沉闷中。自国难最初发生,著者对于救国方案,认定"统一""生产""国防"三大事。根据这一贯的主张,对西安事件的处理,认为(一)不得违反统一原则,(二)对抗敌御侮政府应依照既定政策进行,(三)善后问题,大家应尊重军事委员会蒋委员长的意旨与其命令。握定这三点,一切无所用其纠纷。吾们须认清民国二十五年全年若干重大事件,其间实很明显地,表示出一种共同心理来,试问西南问题最初发生,蒋委员长不是在六月二十五日宣言和平统一吗?为的是什么?到最后毅然主张和平解决,为的是什么?绥远前线将士,为什么这样奋勇?全国民众援绥,为什么这样热烈?西安事变,蒋委员长在蒙难中,用何种精神来感动他们?而他们最后送蒋委员长回京,又为何种精神所驱使?追蒋委员长回来,全国民众十二万分热诚的庆祝,又为的是什么?其间一种共同的心理,表示得非常显明,是什么呢?就是一致要求中华民族的生存。大家为了这最高目标,什么都可以放弃。

目标清楚了,方法怎样呢?于是全国要求整个的建设计划,一方满足国防需要,一方满足国民生活需要。可是目标的认定,不是今年始。方法的要求,也不是今年始。何以至今还没有实现呢?就是各方心理上还潜伏下一种绝大障碍。

人人爱他的国家,原是一种扩大的自私心,常人所同具的。可是人们每以为我是爱国的,总疑别人不和我同样爱国。于是某人亲敌者,某派亲敌派。有被疑为亲敌派的某君，最近去世，我草一文，把他生平的事实，很坦白地一一列举，而加以公平的论断。发表后，有人投书于我，说吾今日方知某人是好人，是有计划的爱国者，可惜其人死了。这种事实，往往而有。我常周旋各方间，甲和乙互相攻讦，甲派和乙派互相攻讦，听这方说来，那方简直不是人。实则那方完全不是这回事，我所深知道的。那方对这方亦复如是。此种现象，一般社会所不免。一涉政治便更烈了。

政府与人民亦复如是。疆场有事，政府处理不能快人之意，往往被疑为亲敌，甚至疑为卖国，我并不敢说没有亲敌卖国的政府，我确曾亲见到政府并未亲敌卖国，而被人疑为亲敌卖国。吾生五十余年，自甲午以来，人民对当局的恶谥，几于史不绝书。至于政府对人民，稍有可疑，总认为反动，政权在手，疑人反动，便什么都不许动。我不是说没有反动的人民，我确曾亲见到并没有反动而被认为反动。此种案件，不知多多少少。

乃至中央与地方间亦复如是。上疑下之反侧也，设一官，必并设一官以牵制之。或于其下位置设若干亲信人员以伺察之。下疑上之压迫我也，于是拥兵以自卫。虽以中央人员当封疆大任，亦蓄兵至数十团，超出于绥靖地方需要之上。国有军队而不能专用之于抵御外侮，省区仅此区区财力，分其一大部分来养军队，致急需建设事项，无力从事建设，都是这种心理上障碍所造成的结果。

上列种种心理上障碍，一半是相疑，总认人家做坏事，总不信人家做好事。一半是相忌，他真做好事么？难道他胜我么？我不能胜过他，我总得破坏他才好。这种相疑相忌的病根，很早就暗种在我国人脑海里，所以二千年前就有人把“不疑”做他的名字，更早些，还有人把“无忌”做他的名字，早看出这两种病态心理是要不得的，更反映出当时这两种病态心理已着实严重。这一些病根拔不掉，虽有目标，虽有方案，虽有领袖，事实早很显明地告诉我，还是不行。

怎样来拔掉这病根呢？当然一部分属于个人修养，我当反省，我须绝对尊重事实，当自己训练自己，须拂拭吾心如明镜一般，无盐来还他个无盐，西施来还他个西施。决不因昨日无盐，今日西施，而还留着个无盐的影子。也决不因今日无盐，明日将饰做西施，而预示着西施的影子。人之欲善，谁不如我，我有此自觉，我将此自勉，难道人不和我同样地自觉自勉么？我因此想到孔子,孔子说:“与其洁也,不保其往也。与其进也,不与其退也。”这定是孔子涉世既深后一种感觉。

虽然,怎样来拔掉一般社会的病根呢?一半关键,还是属于目标和方案。如目标真是显明,整个的方案真是完备,譬如大量生产的工厂,用机械的力量来推动工作物,工人仅端坐着,工作物给机械推动到面前,不许你不动,全厂也不许一个人不动。在这整个组织下,自己工作之不暇,决不容许你左右闲看人家,乱猜人家,目标既分明,万目一的,便不会有反动。所有动作,完全依照整个的机构,也不容许有人反动。就工厂的立场,方求人家动之不暇,那里还肯阻止人家动。在这显明的目标和完密的机构之下,便不容许有相疑相忌等心理上障碍发生。

还有一半,属于施政技术。清儒有言:“防之,人或望之。帷之,人或窥之。”惟不公开,则人之要求公开也愈甚。我国正患一般人民不乐闻政,不求闻政,乃至不肯闻政。正宜诱发他们对政治的认识和兴趣,凡可以公开,或应当公开者,宜用种种有效方法,充分公开。我常感觉现时政府,与其说有意的不公开,还不如说无心的不公开,至少有若干方面的不公开,是无心的。前一周偶游首都,入铁道部,问最近一年来铁路行政状况,当局欣然告我种种,还给我刊物一册。方知吾国自有铁道以来五十四年间仅筑成八千一百一十公里,而新计划从民二十五年起五年间将筑成八千一百三十九公里,比过去加了十倍以上速度,外债和债权方面交涉的结果,减息或取消欠息一部或全部减轻负担至两万万一千两百余万圆之巨,而新定方针,核减各路客票价格,核减农产品运价,奖工减价,发展内地工业减价,内地土产联运减价等等,都是大慰人民期望的,而结果二十五年进款还比上年增一千万圆。回到上海问了许多友人,知一年来铁路成绩么?皆答不知,乃急写一文——《一年来铁路的猛进》刊入一五三期《国讯》旬刊。我知各部院行政等于铁道部的,未必没有,然而人民不知道,宣传机关也没有把这些做材料,来唤起人民对政治的兴趣,对政府的信访,得毋可惜。我更感觉无线电播音,还宜充分的利用。我不过举此一例,要消除政府人民间乃至中央地方间种种隔阂,怕还不少可以用技术来补救的。

行政方面有不宜公开的,将怎样呢?这又要想到技术了。振衣者挈其领足矣，举纲者提其纲足矣。一群之中，有制度上的领袖，有思想上的领袖。立法之前，征集各方意见，施政之前，说明旨趣，既施之后，报告政绩。对行政方面，重在认定制度上的领袖，对社会方面，重在认定思想上的领袖。思想上领袖，一地方曾有几人！全国曾有几人！例如外交，政府遇交涉棘手，不能公开报告或征集意见时，召集思想上领袖恳切地一席谈，进或取得各方同情，增加后援力量，退亦可以减少误会与反对。如或顾虑到故意捣乱，则我又要说了，人之爱国，谁不如我？最高目标亦既分明，接洽以后，所有误会反对，总不会比未经接洽时更烈的。如果深闭固拒，则一般人所怀疑的程度，往往浮于其事实。譬如政府虽没有走十步路，未尝不走了五步路。而因不接洽之故，不但不能了解不能走十步路的苦衷，竟会误认为连五步都没有走，甚至误认为倒退了五步或十步。如果思想上领袖亦既了解，则民众以信任该领袖之故，至少总不致误会。须知在国家整个的机构下，所谓民众，个个至少都是全部机械的一个螺丝钉，怎么可让他因意思上的误会而形成行动上的乖异呢？至于依法令的规定，对制度上领袖求谅解，这是当然的事，不用说的。不要忘却全国一致要求的总目标，不要放弃了既定方针，民国二十五年种种难关过去了。不要因外国人稍微说几句好听话，便趾高气扬起来，不要因前线沉寂无事，便真以为无事，也许今后的难关，还要难，还要多。如果民国二十六年因全国诚意要求办法的结果，得到适切的方案，造成整个的机构，又因施政技术的进步，根本打消相疑相忘的亡国心理，把昏黑的阴霾，一扫而空，一变为祥云丽日，民国二十六年国家的基础本还没有坏，领袖无恙，也许会表现出比二十五年更可庆幸的事。

（《大公报》1937 年 1 月 21 日）

28 日　受聘为国货联营公司筹备处常委

［本报讯］“南京”经建总会对国货联营公司筹备委会常委人选，除经建总会主任常委吴鼎昌及总干周诒春为当然常委外，并于二十八日指定黄炎培、钱新之、吴蕴初、郭顺、方液仙、史久鳌、王志莘、蔡声白、方剑阁、王性尧、张铁欧、刘荫茀、章元菁、胡博、张志颐十五人为常委，定二月五日在京开筹

备会首次常会。至该公司第一期股款一百万元,虽定二月十日开始招股,闻事实上认股者极踊跃,已将足额关于官股二分之一约卅四万元,亦经国府核准拨发,办法将先由经建总会向银行界筹借拨付,俟下年度实部编制概算时将该会事业费编列,则此项投资款项,即行列入归垫。

(《申报》1937年1月29日)

31日　吊唁穆藕初胞兄穆恕再

[本报讯]本市耆绅穆恕再,于上月卅日午刻逝世,昨日下午二时,在胶州路万国殡仪馆大殓,各方吊唁者有黄任之、顾馨一、谭伯英等百余人。礼节简单肃静,首由其胞弟穆藕初报告患病及医治经过,略谓,乃兄体质魁伟,精力过人,凡地方公益,无不亲服其劳,晚年血压增高,医生及亲友屡劝其摒繁静疗,无如生性急公好义,未加注意,故自上月廿三日患脑充血症,虽用尽各种方法,均不能挽救云。词毕,亲友行礼,并瞻遗容,此次卧病,未受痛苦,是以其面貌如生。其生前兑已厚人,坚嘱死后火葬。浦东杨思乡虽有农地,不肯占用,以为社会提倡,兹定二日晨八时半,自万国殡仪馆经康脑脱路、赫德路转入静安寺路,至工部局火葬场,九时半举行火葬,各界人士及沪南暨公共租界法租界等救火会各重要职员均前往执绋。

(《申报》1937年2月1日)

是月　为简照南作纪念碑文

应潘序伦之请,为碑文纪念南洋兄弟烟草公司创办人简照南。简君以私人资本资送欧美留学生数十人,皆有成,潘即其一。

(《黄炎培年谱》,第117页)

是月　编《空江集》,并撰写序言

将1936年一年所作文章,择其较重要者,编为一集,取名曰《空江集》,由生活书店出版。

(《黄炎培年谱》,第117页)

录黄炎培序如下：

《空江集》序言

吓人的一九三六年，算过去了。意阿之役，继续着“九一八”而证明了国联非武力制止战争的无效。西班牙的内乱，证明了不负责任的战争，已获得国际间的默认。更证明了不从自身培养实力，徒欲借外力制止外力，所获得的结果，惟有极度的悲惨。在这一年间，大家继续忙着一面备战，一面避战；大家认定不能备战，不能避战；越要避战，越要备战。而结果就为是大家避战的缘故，怕免不了遇到一二国家突然发动，而莫敢亦莫能制止。

反观国内，两广问题，在极度紧张之下，终于和平解决了。西安事变，从全国国人深忧大恐的心理中间，忽焉获得不幸中的大幸，其发生，其归束，皆出一般人意料外。渐趋硬化的外交，九月廿三日遂有惊人的五项提议，为“九一八”以来所未见。而绥战的奋勇，与援绥的热烈，使中华民族的精魂，稍稍苏醒。在建设上占最重要位置的铁路，颇有进展的期望与事实。也许“贪天之功”罢！在这一年间，居然没有闹成甚么大的水患，因而长江中部各省以丰年闻，使得衰落的农村，略略地抽动几口活气。国货工业到下半年来很有活跃的趋势。夹杂着种种原因，使民廿五年对外贸易总额由去年十四万万九千余万圆而增为十六万万四千余万圆，输出由去年五万万七千余万圆而增为七万万零五百余万圆，入超由去年三万万四千三百余万圆而减为二万万三千五百余万圆。对总额百分比，由去年二十二·九七减为一十四·三一（当然有走私关系，不少漏算，但总额已有加）。可是古人有句话“病加于小愈”，小愈怎么会增加病势呢？就是人人以为：好了，有希望了，精神一散失，便立刻送命。

我个人呢？在这一年间，终算飞了八千八百里天空（自上海而汉口、西安、太原，绥远而太原、洛阳、上海，以及重庆成都间往返），走了五千四百里长江（上海重庆间往返）。就把这一年间作品，编排起来，名曰《空江集》。

廿六年一月　抱一

（《空江集》，第1～4页）

2 月

2 日　参加穆藕初胞兄穆恕再火葬仪式

[本报讯]沪绅穆恕再，于上月三十日因患脑充血逝世，业志各报。兹穆氏家属，遵照遗嘱，于昨日上午，在静安寺工部局火葬场，将穆氏遗骸举行火葬，兹志详情如下：

[举殡情形]

穆氏自三十日逝世后，即在万国殡仪馆大殓。昨日上午八时三刻，将遗骸盛于玻璃棺内，由南市救火会救火车装运，经胶州路愚园路静安寺路而达工部局火葬场。前往执绋者，团体方面，到本市保卫团、南市闸北市中心区吴淞及公共租界法租界各区救火会会员等；个人到者，有朱子桥、王一亭、顾馨一、黄任之、沈信卿、黄伯樵、毛子坚、谭伯英及穆氏亲友等五百余人。事前穆氏家属，遵奉遗命，概未惊动亲友，然各界均自动前往参加，故丧仪行列，达一里有余，备极整齐严肃。

[火葬经过]

灵柩抵达火葬场门口，由沪南区救火会会员六人，亲自扛运至火葬场执绋者，分队立于甬道两旁，全体举手致敬，嗣即将遗骸改装于火葬用之特制棺木内，送入焚烧炉，此炉系工部局最新设备，用煤气燃烧，所有衣衾棺木等，无一金属物，故烧后，除骨殖成灰可以保存外，其余均顷刻化气分散，至为迅捷，家属另备一铜质小柩一具，约一尺半见方，专供存储骨灰，留作永远供奉纪念。

（《申报》1937 年 2 月 3 日）

3日　与西南沿边夷族土司赴京请愿代表高玉柱女士见面

［本报讯］西南沿边夷族土司赴京请愿代表高玉柱女士，昨晨分访本市各界领袖，中午应李石曾等公宴，下午五时，在中西广播电台演讲“西南夷族问题”。地方协会定今日下午三时在会所举行盛大茶会欢迎，兹分志各情如次：

［李石曾等中午公宴］

西南夷族土司请愿代表高玉柱女士，南返过沪，备受各界欢迎。昨晨十时，高女士先访钱新之于四行储蓄会，旋至地方协会访杜月笙、黄炎培诸氏。对高女士晋京请愿，要求整理夷务，巩固边防，深致佩慰。中午，李石曾、崔竹溪、黄警顽、刘湛恩、张耀曾等，假座功德林公宴高女士除劝来宾用夷文或汉文分别题字，以留纪念外，并有恳挚演讲，首述北来请愿宗旨，次述当地夷民生活及受外力侵压情形，忠诚爱国，溢于言表，阖座掌声不绝。

［地方协会今日茶会］

本市地方协会定今日下午三时，在中汇大楼会所举行茶会欢迎，除本市各界领袖届时将纷往参加外，同时远如南京及京沪沪杭路沿线西南学生，亦早经通知来沪参加，必有一番盛况。微闻茶会席上，除请高女士演讲外，并将交换援助开发边疆意见，借以提高文化改进夷苗生活。

［演讲西南夷族问题］

高玉柱女士，昨日下午五时，在中西电台演讲“西南夷族问题”。首由周邦俊致介绍词，旋高女士即用夷语讲述，由喻杰才翻译。兹录演词云：各界同胞，我们大中华民国，是由汉、满、蒙、回、藏及西南夷族共同结合而成，但是有许多的人们，只知道汉、满、蒙、回、藏五个民族，而不知道还有一个很庞大的西南夷族，甚至有些人，连夷族这个名词都不懂，这不是很笑话的吗？又有些人，认为凡是西南各省的人都是夷族，这是极端的错误。我们要知道，西南各省的内地，大部分都是汉人，还有些汉人，是与土人同化的，他们的文化生活种种，完全与国内的汉人，一样的高尚优越。现在我们所讲的夷族，是专指西南各省边区的夷苗同胞而言，这些边疆同胞是我们最古老的民族，也就是中原最初的土人。数千年来，同着国内的先进汉族是有深切的关系,就是与其他的各民族也有不少的关系,不过我们的西南夷族,因为僻居边隅,交通阻塞,保守性过强,本身文化异常低落,不能与国内各民族并驾齐驱,反而形成了现代的"原始人类""化外之民",这是我们很可痛心的。说到西南夷苗的入口,散布在滇、黔、川、康各省边区的,统计不下两千万,占领着广大肥沃的地土,蕴藏着极丰富的资源,如像山货药材、牧畜、森林、矿产、农业,等等,真是指不胜指,可以说是中国数千年来未经开拓的一个处女地,比较起其他荒漠的边疆地方来,真是优越得多。尤其是数千万夷苗英勇淳朴的民族性,更非任何民族所能比拟,所以有许多的人说,西南地位的强固,要成为中国的安哥拉,而物产的丰富,可以成为世界最伟大的工业区,又有些人说,夷苗是产生未来新文化的一个构成分子,西南与夷苗是国防的生命线。这种种预期实在是具备得有必须而特殊的条件,我们可以相信,完全有可以表现在事实上的可能性。关于西南夷族问题,在过去帝王时代,都是用羁縻政策责成各地土司保士安民,相安无事,各地土司,因受国家恩典,始终爱戴。民国以后,国家多事,政府鞭长莫及,任其自生自灭,而边地官吏之不贤贪污、民族间的歧视、外力的侵略诱惑,渐渐与内地隔离。夷苗同胞在天灾人祸种种的摧残之下,痛苦一天比一天加深,边地的纷扰,也就一天比一天严重,直接间接就引起了国防上很大的问题,这是夷苗本身的不幸,也就是国家最大的隐忧。虽然在过去数年以来,有许多贤明的地方长官,力谋开发夷苗,巩固国防,但是力量薄弱,很少成就,这是我们不能不引为遗憾的。现在国家统一、政令贯彻,举国上下都努力注意开发边疆,巩固国防,这是安内攘外的先著,也就是复兴国家民族的途径。此一次,我们因为感到本身痛苦的深重,看着西南国际的危机,所以集结西南各地土司,一致拥护中央,推派我们远道来京请愿。半年以来,承蒙中央政府当局,对于西南边疆夷苗一视同仁,尤得国内同胞异常重视,咸以为开发西南夷苗,增厚国力,实为目前最要之因。关于我们前后所陈述的西南夷苗教养卫等种种请愿意见,均蒙分别采纳核办,这是我们西南数千万夷苗的幸福,也就是国家前途最大的希望,我们希望中央此种德意始终贯彻下去,尤其希望我们的地方当局,本着中央给予我们的德意,为我们负起实际责任,尽量办理。同时我们感觉到开发西南夷苗这个重而且大的问题，决不是以政府单独的力量做得了，我们希望全国各界努力协助政府，我们欢迎学术界考察研究，我们欢迎国内及侨胞投资开发，我们欢迎国内人才到西南边疆去服务，为国家民族牺牲奋斗，共同来完成时代给予我们的新使命。

（《申报》1937 年 2 月 4 日）

4 日　参加上海地方协会茶会欢迎高玉柱等人

［本报讯］本市地方协会，于昨日下午四时，在中汇大楼会所，举行盛大茶会，欢迎西南沿边土司夷族赴京请愿代表高玉柱女士。到高玉柱及同来代表喻杰才，会长杜月笙，社会局长潘公展，暹罗中华商会代表许葛汀，云南何公良、何静如女士，及各界领袖张寿镛、刘湛恩、黎照寰、朱少屏、黄任之、林康侯、吴蕴初、刘鸿生、陈济成、江问渔、潘仰尧、许晓初、黄警顽、周邦俊、胡西园、王揆生、林克聪、陆礼华、金光楣、罗文立、陶乐勤、萬延芳、俞叶封等；边疆青年，计到青海学生张存忠、晁明珠、王监明、周忠明、李生春、巨生福、宋仁德、白云昇、李基丕、汪明忠，西康学生李天龙、王道成、马泽丞、买有祥，蒙古学生薛庆玺、李鸿奎、何永寿、阿存礼，甘肃学生吴樾阴、赵子明、徐扬健、宋玉春等，共一百余人。首由杜月笙致欢迎词，旋由高女士等报告夷族及边疆情形，各界领袖复相继演说，末摄影茶点，情况热烈，得未曾有。

［主席致词］

首由主席杜月笙致欢迎词云：今天鄙人代表敝会同人，对于诸位边疆远道来宾，表示竭诚欢迎的意思。我中华民国自成立以来，年年多故，中原扰攘之不已，致对于边疆问题，未能按照计划，积极设施。然深知边疆忧国同胞热烈之忱，未尝一日忘中华也。沪地东滨大海，处于全国中部之东隅，以海陆交通之卫要，时时获与远道嘉宾往来酬酢。而如今天席上诸位士女，不远万里而来，尤足使同人鼓舞欢欣，不能自已。蒙古、青海、西康各地青年诸君，负笈来沪求学，西南沿边夷族土司民众请愿代表高玉柱女士、喻杰才先生，亦从边疆间关来沪，而暹罗中华商会代表许葛汀先生，偕同云南何公良先生，联袂东来。诸先生女士各挟其爱护中华诚恳之心意，或为勤求学识，或为报告边情,或为开发侨商实业,其所取之途径不同,而爱国情绪则同。敝会同人晤对一堂,欣幸之余,愿闻明教。鄙人所窃欲言者,我中华地大物博,凡夫文化之推进,实业之振兴,交通之发展,全国上下,正须负起重大使命,急起直追,我不自谋,必且有代为我谋者。然欲完成此项工作,尤重要之一点,莫如普及灌输全国民众国家观念、民族意识。诸先生女士,来自边疆,一言一动,皆足使中原女士,感到中华之伟大,与中华种族之优秀,到处发挥高论,使知天产之丰富,山川之雄丽。虽边隅不异中原或且更胜于中原,相与油然增进其爱国热情。此则尤愿诸先生女士不吝玉趾,不惜齿芬,多多赐教者也。国步多艰,任重道远,同人敢不自勉,且与诸先生女士共勉,敬掬区区,借祝前途幸福。

[张潘演说]

继由张寿镛致词云:四海之内皆兄弟也。从今日一看,这句话不错的,因为交通阻隔,不易聚集,然实际上,四海之内终是兄弟。至于"夷"字,并不恶劣,如我浙江,前亦称夷,如文王亦称西夷之人,可知"夷"不是坏字眼,是好字眼。昨晚高玉柱女士播音,今日在报上已见到,足见那二千万夷族,都是中华民族。不过文化略落后,从此进步,也许比吴越还高。不过外人觊觎不已,该协谋改进,与办实业,开发富源,并谋政治之进步。其土司不过官吏名称,如事实上能使政治发达,一样是为民谋福利,将来当渐有进展也。至于远道来沪求学的各位,希望他们学成回去,做一个基本队伍,开发本地。光华大学亦有两位,这是更希望的。又由潘公展致词云:今日参加茶叙会者,有不远万里而来首都,而来上海,有求学,有请愿。为全国所钦仰的、所抱目的都为谋团结统一复兴,譬如以求学来说,上海文化比较高,尤近首都,可以看看国际环境,认识非常危险,和我们要努力,各位回去服务,于国家之统一,必有极大成绩。至于夷族代表来此,一定有很大的期望,来此看看我们之革新现象,并且请求政府,解救当地外来之压迫。国外侨胞,除希望有政府之力量,以保护侨胞,但我们很希望知道诸位的志愿,与需助于我人者为何。张咏霓先生谈及"夷"不是坏字眼,实在极有意义的。讲到国族,由家族、宗族、种族而成,所以总理对于国族有特别的解释。而我国族之汉、满、蒙、回、藏五种族，不过举其大者，内中包括的小种族，也有多少，所以中华民族中的各族，都是我中华民族，没有例外的。帝国主义者如日本，把满洲一族，硬行分化，在东三省，设置伪国，这是因为我国对于民族的意识，尚没有深刻。但今日各地会集一堂，觉得中华民族能久存于世界，实民族意识之作用。我对于高玉柱女士的演说和对记者的谈话，实深钦佩，比较做汉奸的，实有霄壤之隔，她的此行，似甚平常，然而她此行的意义，实在关系国家民族前途，非常伟大，足以愧死汉奸，而消减汉奸。

［高氏报告］

高玉柱演说云：此次晋京请愿，乘便来上海观光，人家当我是夷苗的领袖、土王帝，实在是一个公仆。诸位是上海的各业领袖，很想领教一切。余素习夷苗语，学了两年汉文，今日因免翻译麻烦，用国语讲话，不达之处，尚祈指教。夷苗民族，实在是中华民族和汉族关系极深，夷苗的意义，是进取自保。今日诸位先生，对于夷苗，特别提出正确解择，具见服从总理的民族主义。至于夷苗之源流，自蚩尤战后，继以秦始皇，被迫退处西南边地，到汉武帝，通西南夷，以礼待之，于是夷苗民族，非常感激，年年进贡，岁岁来朝；到诸葛亮因征南蛮，有益于该处，夷苗感戴，到处为之立祠奉之；到了宋朝太祖时候，因为仇视，互相争斗；至元世祖，将夷苗民族，用分化方法，设土司制，但夷苗民族衣服，依然用帝王制度，现在封建制度，仍然存在，如跪拜等，因为民族历史愈长，保守性也愈大；至辛亥革命以后，政府与夷苗，失去关系，任之自生自灭，帝国主义者，利用这种隔阂，诱迫备至，要夷苗民族脱离中国。所以所受苦楚，不可言喻。此次上都请愿，要谋民族团结，余小时不知我是中国人，后来读了中国书，方知我是中国人。夷苗不读汉字，文化落后，所以不知有国家，不知有中国，外人遂强分为什么国什么国，成为化外之人，以致互相残杀、好勇斗狠，是其天性。因之经济实业，没有进步，然而山川阻隔，交通不便，风气闭塞，纵有极丰富矿产、药材、森林，不知开发，任人觊觎，殊可痛惜；夷苗政治，完全是封建制度，分大土司、小土司，以下还有许多阶级，武力除棍棒弓刀外，亦有新式枪械十多万支，但都藏在家里，尚不知为捍御应用。此次到上海来，极愿将当地情形报告，希望得到援助，中央方面,对我们请愿,亦非常注意,拟派员考察,前往宣慰,我们也当把中央德意,回去向当地报告,以言语不便,未能达意,尚望原谅,并祝诸位健康。

[许氏报告]

暹罗中华商会许葛汀报告:此来系接洽国货推销暹罗问题希望,(一)早日开辟中暹航线;(二)各银行在暹设立分行。次何静如、何公良报告云南情形,喻杰才报告西南夷族之文字有四种,言语各地大同小异,生活因地而别,约略可分为未开化、半开化、全开化,其物产因地带不同,而生产亦不同云,后经黄警顽提议,由边疆学生,分别唱“西康”“青海”“西藏”民歌,西藏青年陈继昌并能唱英、法、俄、日、西班牙、印度、非洲等十余国土歌,尤为来宾赞叹。

[林、黄致词]

旋由林康侯先生致词云:今日集各地同胞的代表于一堂,为以前所未有,希望此后这样聚会,常常举行。上海承誉为经济文化中心,可是民族精神,上海方面却不及内地边疆来得饱满,更不及他们朴实,至于享用,内地和边疆都不如上海。从去年暹罗一游,觉得受教育的比未受教育的开通得多,最佩服黄任之先生,于十五年前往暹罗,即布下教育种籽。现在老年人虽不知国语,而青年的在二十岁以内的,都能言语相通,而且经过高女士之报告,觉得内乱实使国家衰弱,高女士来向政府请愿,可是也希望我们的帮忙,所以我们应该帮助他们开发,并组织团体,前往考察。最后,由黄任之致词云:今日来宾,有自青海、西康、蒙古、云南等处来的,我在几岁也去游过,在西南边疆,也受过瘴气。在清光绪三十一年,孙中山先生发起同盟会,余加入、担任上海工作,连我的太公没有知道。是年冬天,由已死的廖仲恺先生介绍云南干崖土司派往日本游学的四个女子,由我秘密招待。到今日因遇到高女士,所以把这秘密谈出,可见中山先生见识的远大,现在觉得“民族”“民权”“民生”三主义,须从此处做起。今日我们借此集会,有些事是政府做的,但社会也有许多很可做的,如交通治安,虽政府办理,但我们不妨先做些小事。希望高女士(一)二十一个土司,组织一个联合会;(二)每一个土司,派一个或数个学生,到南京或上海或其他各处,如到上海南京的话,我们当尽招待协助之责,这是思想开发,比任何开发来得要紧。希望边疆同学,组织同学会，联合起来，以免发生危险，误入歧途，并且可以互相联络，交换智识，并介绍有益书报至内地，此事虽小，期以三年则小效，期以十年则大效矣。

［继续参观］

高女士以北来已久，拟日内即行循海道南返，今日拟继续参观，如时间许可，或再至市中心区一游。沪上各界，对高女士关怀国家，并锐意谋夷苗生活之改进，为边境不可多得之领袖，极为敬佩。微闻各界将饶赠物品，俾高女士携回，以留纪念。

（《申报》1937 年 2 月 5 日）

4 日　前往南京

［本报讯］国货联营公司筹备委员黄炎培、刘鸿生、郭顺、吴蕴初、胡西园、蔡声白、钱新之、史久鳌等，于昨晚同乘夜快车晋京，出席今日该公司第二次筹备委员会议，讨论进行事宜，其余筹委虞洽卿、杜月笙等，闻定今晨赶往出席。

（《申报》1937 年 2 月 5 日）

5 日　参加国货联营公司筹备会首次常委会

［本报讯］中国国货联营公司由国民经济建设总会聘定黄炎培等十六人为筹备处常委，于五日在京召开首次会议，在沪各委员晋京出席，即于当日分乘首都特快及夜快车返沪。中央社记者分访各委员，探悉筹备处在京设秘书处、在沪设办事处，由两地委员分别负责，以免召集会议之麻烦，办事处设三组，各组负责委员推定如下：（一）总务组为方液仙、蔡声白、方创阁、王性尧；（二）金融组为王志莘、钱新之、史久鳌；（三）设计组为吴蕴初、郭顺、黄炎培、程志颐。各项筹备事宜，在筹备处章程内规定者，如股款招募银元之组织，奋有国货公司之合作，新公司之设立等，分配各组办理。公司股款自登报公开招认后，各方索取章程及认股书者甚多，认股分甲乙两种：甲种规定每厂限认二万元，自本月二十日至二十八日止为认股期，自三月十日至二十五日为缴股期；乙种无限期及定额，故公司股东大会央定在股款收足十日

内成立。闻第一期股款一百万元,收足后约可成立公司二十处,其组织方式系由联营公司及当地厂商合资办理云。

(《申报》1937 年 2 月 7 日)

13 日 参加中华职业教育社专家会议

[本报讯]中华职业教育社,二十六年春季评议委员会及第十一届专家会议,于昨日上午九时起在中华职业学校举行,上午报告社务,并请专家发表意见,下午讨论提案,以职业补习教育为中心。兹分志各情如下:

[出席人员]

计到顾树森、程伯庐、刘湛恩、郑西谷、俞庆棠、欧元怀、黄炎培、魏明初、江问渔、杨卫玉、陶百川、何清儒、潘仰尧、翁之龙、何炳松、姚惠泉、杨崇韦、梁忠源、陆叔昂、薛明钊、林美衍、温崇檬、谢向之、贾佛如、熊子容、方液仙、张冀、陈文、高士元、裴雪芹、杨拙夫、沈九成等五十余人。

[致开会词]

首由该社办事部主任江问渔致开会词,略谓,本届会议,在大雨雪后,承蒙各位莅临本社办事部,同人至为抱歉、至为感谢。兹依照开会程序,请诸位推定主席团云云,结果公推程伯庐、俞庆棠、刘湛恩、魏明初、陶百川五人为主席团,行礼如仪后,宣布开会。

[报告会务]

开会后首由该社办事部正副主任江问渔、杨卫玉报告社务,次由何清儒报告编辑与研究,潘仰尧报告职业指导,姚惠泉报告农村服务,推行计划,梁忠源报告补习教育,贾佛如报告中华职业学校,薛明钊辗告劳工皂岭关区,其总报告甚多。

[专家意见]

现请出席专家分别发表意见,教育部司长顾树森首先起立报告教育部近来办理职业教育方针及实施计划,并特别注重补习教育一点,阐明甚详。继由程伯庐、刘湛恩、欧元怀、俞庆棠、何清儒、梁忠源、江问渔、姚惠泉、薛明钊、沈九成、郑西谷等,均对于职业补习教育,分别发表意见甚详,直到正午始散会。散会后并参观中华职业学校,并在该校午餐。

[讨论提案]

下午二时继续开会,讨论提案。根据该社团已有基础、现在环境,并认明国家社会实深需要,除原有事业照常进行外,复特别侧重职业补习教育一点。拟定该社整个活动的、连锁的职业训练具体方案,经出席评议员及各专家互相讨论结果,照原方案修正通过,交该社办事部分别实施。至五时许,始摄影散会。

(《申报》1937 年 2 月 14 日)

14 日　参加七团体联办之新春家庭同乐会

[本报讯]上海市国货运动联合会、上海市妇女服用国货会、中华国货产销协会、机制国货工厂联合会、市民提倡国货会、家庭日新会、健康家庭出版社等七团体联合举办之新春家庭同乐会,于昨日下午一时假浦东同乡会举行,极一时之盛。兹将各情志次:

[大会职员]

昨日到会之大会职员,计有杜月笙、林康侯、王晓籁、黄炎培、胡西园、项康原、王性尧、许冠群、孙道胜、郑海若、徐缄若等,由杜月笙等任主席团。参加来宾不下千余人,当场凭票摸取号码,换领各国货厂家赠品。生生牛奶公司并在场供给牛奶,任人取饮。

[主席致词]

行礼如仪,由主席杜月笙致词,略谓,今天是各团体举行新春家庭同乐会,在这个时候,新春时令,要使大家家庭认识国货,提倡正当娱乐,才开这个家庭同乐会。我们大家都有家庭、父母、兄弟、妻子,还有亲戚、朋友。大家家庭里头,必须要同乐,家里的人,能够快乐,社会才会快乐的,家庭能够快乐,才能够团结。中国人常常给外国人说如散沙一般,如散沙一般哪里会同乐,现在中国人喜欢用外国货,不知道用中国货,家庭里面,大家要提倡用国货,利权才不会外溢,大家才会快乐。我们中国人,常常不喜欢正当娱乐,家庭里面,大家现在要实行新生活,提倡正当的娱乐,实行高尚的快乐生活,然后家庭才会同乐,家庭能够同乐,社会大家才快乐。新春时候,大家家庭同乐,社会快乐。

[表演游艺]

嗣由黄炎培、王晓籁、金光楣、沈华田等相继致词,即开始表演,其中尤以张银蟾演说、新亚药厂同人表演国术、林荫小学幼稚园表演、么学糯之二十八国土歌、郎毓秀之唱歌,均精彩异常,博得掌声不少。最后并放映万氏卡通影片,至五时许始散。

(《申报》1937年2月15日)

21日　报告援绥纪念展览

[本报讯]上海地方协会会员章荣初,为援助绥远抗战,救济伤病难民,特将价值三万余元之家具、皮裘、古玩、名画等,函送该会,请为变卖,将款转汇前方。经该会理事会决议,会同上海妇女界援绥剿匪慰劳会,发行援绥捐金纪念赠品券一万号,每号售价五元,各件陈列浦东大厦三楼,公开展览。昨由该会第一次请新闻界参观,由该会会员黄炎培、任矜苹等招待,先至各室参观,共分八大间,所陈列之卧室、客厅、书室、大菜间、家具,及紫貂、狐皮、灰鼠、青鬃羊等皮衣,价值自数百元至二千元不等,对于章君毁家纾难精神,俱极赞佩。

[黄炎培氏报告]

继由黄炎培报告章君捐助家具、皮裘集款援绥之经过,略谓,章君致函本会,发动此举,远在去年十一月间,嗣因西安事变发生,会中遂将此事搁置,后以年节春节,致陈列编号工作,稍见延缓。目前绥远战事,虽似沉寂,但危机仿然存枉,甚或明松暗紧,未来危机,且较前尤甚,故后方民众,对于援助绥战救济难民伤兵之工作,更觉急切。为此,除请各位指教外,并乞广为倡导,以增进民众为国捐金、未雨绸缪之情绪,盖必在平时能有充分之准备,始足使变时应付益见余裕。

[援绥捐物原案]

又据该会发表章荣初致协会原函,词意热烈,使人感动,特节锋如下:

(上略)

兹幸各债权人宽宏为怀，仰体政府建设经济之政策，共为爱屋及乌之援助，对荣初公司之债务担押外，已全部同意清债；并蒙受押漂织印染厂之上海银行，本爱护实业之旨，尤予展期一年；又承受押厂基之某大钱庄，亦循同一热情，本保全生产工厂之原则，共谋适当之解决，而予以发奋补过之机会。此荣初感激之余，所当紧缩个人生活，努力公司业务，以困奋勉力之志愿，为埋头苦干之实行，上以遵行政府经济建设之政策，下以慰谢维护实业者之善意，而复望股东所持股票，能在奋斗以后，渐增价值，即对各债权人，不问已否解决，仍望在不久将来，有所图报。兹已本此决心，将沪上住宅售偿私债，准备移居厂内，专心业务，期底于成，所有各种私有物件，除留存少数家庭需用者外，将全部红木家具，男女皮衣、书画、银器等五百余件，送请大会标卖，悉捐所得，恳转前方慰勉将士，号杯水车薪，无济于事，惟期积沙成塔，聊尽心力。（下略）又悉该会将于明日二次招待新闻界，对大中小学长及妇女界，亦将分别招待云。

（《申报》1937年2月22日）

22日　参加萧特仗义逝世五周年纪念

[本报讯]美国青年飞行家萧特少校，于“一·二八”沪战时，激于义愤，自劲驾机腾空与敌军战机六架，抗战于苏州上空，奋勇攻斗，卒因众寡悬殊，而致殒命。国人闻之，莫不同声悲悼与敬佩。萧氏仗义勇为，我国政府后为萧氏筑墓于本埠虹桥飞机场侧，并立碑永志纪念。兹值萧氏逝世五周年纪念，本市各界于昨日午后二时，在虹桥机场萧氏墓前，举行公祭，计到市党部童行白、中航建协会上海市分会李大超、上海市地方协会黄炎培、上海市教育会、上海市防控协会、淞沪警备司令部、市公安局、童军理事会、苏属税警局、虹桥空军站等各团体代表百余人。由市党部、警备司令部、海军司令部、中航建协会、上海市分会、地方协会、空军站、市教育会等团体主祭，献花圈，行礼如仪。由萧特亲属代表 F.Y.Wagner 致词，略谓，本人代表萧氏母亲，由美来沪，参加今日之公祭，承贵国各界各位，齐集于此公祭，及中国政府不忘萧氏之功绩，睹兹情状，很感愉快，本人当将此种情形，电达萧母以慰其

心,并希望此种仗义之精神,能垂永久云。旋全体摄影散会。

(《申报》1937年2月23日)

27日　发起扩大征求职教社全国社员

[本报讯]本埠中华职业教育社,自民国六年成立以来,于今二十周年,揭示三大目的:一曰为个人谋生之准备;二曰为个人服务社会之准备;三曰为国家及世界增进生产力之准备。迩来以社会需要职教万分殷切,该社不敢不黾勉从事,以冀稍有贡献,除从事调查、讲演、研究、出版、通讯等工作外,其实施之事业,合附属代办合办之机关凡三十余所。本埠教合一之旨,努力推行,在社会尽鼓吹提倡之劳,对政府尽建议贡献之责。二十年来,各方赞助,获有相当成绩,惟该社以为救国多方,而推广职教实居其一,负此使命,而力有未逮,故乘此二十周年纪念,由朝野名人王正廷、孙科、孔祥熙、吴铁城、蔡孑民、张公权、王云五、陈光重、杨啸天、潘公展、杜月笙、钱新之、周佛海、俞鸿钧、徐新六、黎照寰、王晓籁、穆藕初、黄任之、方液仙、林康侯、郭秉文、何炳松、陶百川、周诒春、朱经农、许晓初、沈九成等百余人,发起扩大征求全国社员,以期普遍,并已推定上海市及各省市征求队长,分头进行。现悉该社定今日二十七日正中,假浦东同乡会举行会议,讨论关于征求方面一切进行事宜云。

(《申报》1937年2月27日)

27日　被推选为慈幼协会教养委主席

[本报讯]本市中华慈幼协会,于昨日下午一时半,假银行公会举行第八届年会后,首次执委会议,当推选各组委员,并讨论要案多件。兹将各情志次:

[出席执委]

昨日出席执委,计有罗运炎、林康侯、赵晋卿、牛惠生夫人、颜福庆、钮永建夫人、朱立德、李登辉、王孝英、黄秀峰夫人、刑德女士等,列席许建屏、陈铁生,由罗运炎主席、丁秉南纪录,行礼如仪,首由主席致欢迎新执委词。

［工作报告］

嗣由总干事许建屏报告过去一月中之工作状况，计有（一）召集第八届年会情形；（二）各团体汇款救济美国水灾难民；（三）工部局函复关于设立感化院问题；（四）本会救济婢女状况；（五）本会各实验区工作之进展等。

［各组委员］

旋开始讨论：（一）工部局建议对于出感化院后之儿童施以教养问题案，决议交干事部研究后，再行提交下届执委会议讨论；（二）推选各组委员名单，计一、经济委员：林康侯、（主席）赵晋卿、熊秉三、罗运炎、钮永建夫人；二、救济保障委员：刘湛恩夫人、（主席）王孝英女士、薛笃弼、王思默、徐维震、张秉辉、刑德女士、朱懿宝女士；三、教养委员：牛惠生夫人、（主席）黄炎培、熊秉三夫人、朱友渔夫人、何墨林夫人、管萃祯女士、林康侯、赵晋卿、李廷安、陈鹤琴、程守中；四、卫生委员：颜福庆、（主席）李廷安、梅国桢、陈鸿达、徐乃礼、高镜朗、富文寿、邓青山、周邦俊、庞京周、黄桂葆女士；五、推广委员：吴维德、（主席）郭克悌夫人、陈鹤琴、李登辉、朱友渔、蔡葵女士；六、筹备十周年纪念委员：林康侯、（主席）熊秉三夫人、牛惠生夫人、赵晋卿、吴维德、朱立德、颜福庆、罗运炎、陈鹤琴。

［救济美灾］

（三）佛兰克林夫人辞执委职案，决议慰留；（四）本年度之工作大纲，决议交干事部办理之；（五）孔会长函请设法救济美国灾民案，决议通过，并与其他有关团体进行合作，以完成救灾恤邻之义举。至三时许散会。

（《申报》1937年2月28日）

28日　出席浦东同乡会第六届会员大会，并发表演说

［本报讯］浦东同乡会，于昨日下午一时，在爱多亚路成都路口新会所杜厅，举行第六届会员大会。到市党部代表毛霞轩，社会局代表孙咏沂，理监事杜月笙、黄任之、穆藕初等及会员一千余人。开会前，先由童子团国术馆等表演，三时振铃开会，主席团杜月笙、黄任之、穆藕初、沈梦莲、潘志文代吕岳泉、龚汇百代司仪顾文生，纪录俞振辉、刘震夷、叶奕欧，行礼如仪后，首由

主席杜月笙氏致词。

[杜氏致词]

略谓,今日本同乡会开第六届会员大会,而在自建之新会所开会,落成时为第一次,今日是第二次。本会自组织成立之日起,即努力于筹建会所,幸得全体同乡之同心协力,成此最新式之大厦。今后全体会员,共谋会务之发达。会中理监事,各尽心力,并设各项委员会,共同筹划一切进行,今日会员大会,讨论修改会章,及各项提案,请到会诸君,各抒所见,为吾全浦东人谋福利。

[会务报告]

继由会务主任张伯初报告一年间办事经过(详见当场分发之二十五年年报),次由会计理事龚汇百报告收支概况,次由张伯初报告会所落成概况。

[党政指导]

再次由市党部代表毛霞轩演说。略谓,上海是全国模范,而贵会是全国同乡会之模范,为同乡谋幸福,为国家增光荣,希望贵会秉此精神,继续努力云云。次由社会局代表孙咏沂指导,词多勖勉。(略)次由沈戟仪君演说,民众教育及农村演讲等宣传等事。次由黄任之君演说,大致谓,会所虽已落成,但同乡须萃精会神,次第举办有益同乡之各种专业。次穆藕初君演说,会所幸得落成,所望同乡协力同心,劝导同乡,次第加入本会,以厚力量,而期久远。

[议决各案]

大会提议事件,共二十六件,又临时提案两件。除第一案理监事会提出修改会章草案,修正通过外,其余各案分别讨论。

(甲)关于本会者两种,(子)征求会员:(一)会员黄厚生、曹伯勋等提议扩大征求会员,以裕收入而利会务案;(一)会员姚惠泉提议分县分区推定负责人员,征集会员,募集经费,以厚力量而轻负担案。(丑)筹款还债:(一)会员黄星阶提议,筹还债款,应募特捐分十元、二十元、五十元、一百元,并另募公债案;(一)理事刘震夷提议,拟请本会撙节经费,清理债务案。

(乙)文化教育,(一)会员姚惠泉请速筹设补习学校案;(一)会员陶然提议筹设学校，俾免贫寒子弟失学，借以推广教育案；(一)会员沈戟仪提案，改进区事业，先从切实演讲及多设农村小学办理案；(一)会员胡敦昂提议，为符新生活精神，酌筹经费，举办图书馆、健身房、网球场、弈棋厅、洗身房、京戏研究部案；(一)会员胡毅昂提议，举办小型日报一种，定名为《浦东日报》案；(一)会员姚惠泉提议，请召集《新浦东报》《浦东星报》两方负责人员磋商合并办法，以本会名义发行案；(一)会员王国贤提议，设置图书室等案。

(丙) 自治及法律，(一)理事刘震夷提议拟请政府从速举办沪市地方自治，以树宪政之基础；(一)会员裴友仁、沈书绅等提议，为日夜银行清理案，请据理力争，彻底清算，俾得早日如数发还存款案；(一)会员陶然提议尽量援助同乡冤狱受屈事件，以尽本会职责案。

(丁) 改良风俗，(一)会员黄星阶提议举行集团结婚案；(一)监事俞振辉提议，举办同乡集团结婚案；(一)会员成正平提议，改善婚嫁制度，举行同乡集团结婚，以节物力案；(一)会员陶然提议，举行集团结婚，俾节靡费而移习俗案。

(戊) 合作事业，(一)会员姚惠泉提议，请大会决议通过各县热心会员，助同推进合作事业案；(一)会员胡敦昂提议，救济失业同乡及正当用途，征募基金二万元，举办信用款案；(一)会员黄星阶提议，设代办部(如经理土地买卖之类)案；(一)会员黄厚生、曹伯勋提议，商情浦东银行受抵土地执业证田单，以资周转而便农民案。

(己) 慈善事业，(一)会员沈芝九提议，举办施症给药案；(一)会员胡毅昂提议，联络慈善家，妥觅适当房屋，举办赊棺寄柩案。

(庚) 交通事业，(一)理事邢志刚提议请转呈省市当局，完成浦东大道案；(一)会员尹勇提议浦江造桥案。

以上各案，议决，由理监事会分交各委员会讨论办理，议毕散会，已钟鸣六下矣。

(《申报》1937 年 3 月 1 日)

3 月

2 日　赴国际饭店出席余汉谋饯行宴

［本报讯］驻粤绥靖主任余汉谋氏，日前来沪，现定五日乘麦金兰总统号轮南返。上海市长吴铁城氏，于昨午十二时半，在国际饭店设宴，为余氏饯行，并介绍上海各界领袖会晤。到杜月笙、王晓籁、虞洽卿、张啸林、林康侯、刘鸿生、钱新之、黄任之、陈健菴、唐寿民、叶琢堂、陈光甫、吴蕴斋、贝淞荪、周作民、钱承绪、郭顺、荣宗敬、徐新六、徐寄庼、俞鸿钧、潘公展、蔡劲军、徐圣禅、吉夏迪、胡笔江、穆藕初、蔡增基、袁履登、郭秉文、朱汉章、王志莘、冯有真、马荫良、汪伯奇、胡政之、张季鸾、潘公弼、杨光泩、胡朴安、董显光、崔唯吾、秦润卿、陆伯鸿、劳敬修、顾馨一、王云五、叶扶霄、温宗霓，共八十四人。席间首由吴市长致词，首对余氏于去年在两粤形势极为紧张之际，极力促成统一，打开近十年来之僵局，称扬备至。次谓，粤省在全国居极重要之地位，目前力图建设，但困难甚多，如(一)交通问题，其中最重要当为粤汉路通车后，如何再图改进；(二)粮食问题，粤省每年输入外米达七八千万斤，目前民食尤感恐慌，亟应加以救济；(三)币制问题，粤省向用毫洋，以前毫洋对大洋之贴水，约为加二至加三，自粤省施行法币后，毫洋纸币之贴水率，只有增加，因之物价胜贵，亦亟须加以改革整顿；(四)商业问题，粤省为商业省，每年商业入口额达一万万六千万元之巨，其中半为农产品，亦亟应设法杜绝漏户。再粤省土质，宜于种蔗制糖，查我国每年外糖入口，亦达三四千万元，如能发展粤省制糖事业，对国民经济，亦大有裨益。凡此种种，俱望全国人士，尤其上海各界领袖，能尽量加以协助，云云。

［余主任致词］

次由余主任致词，余氏态度诚挚恳笃，极为参加之来宾所称道。余氏略谓，我国近百年来，被帝国主义者侵略压迫，饱尝苦痛，粤省与外国接触最早，粤人在外经商者亦最多，所受蹂躏亦最为巨重，故首先倡导革命，推翻专制。自总理逝世后，本党革命，顿失中心，所幸蒋委员长坚苦卓绝，领导革命，使党国奠定稳固之基础，至九一八事变发生后，国步益艰，本人深觉非全国上下精诚团结统一御侮，不足以挽救危亡，故去岁两粤酝酿事变时，毅然决然服从中央，促成统一。蒋委员长抵粤时，曾勉以应将粤省造成全国之模范省，以粤省地位之重要，自当奋勉，力图建设。惟粤省不仅为粤人之粤省，而为全国之粤省，深望全国人士，对粤省之建设，能力加协助。关于粤省目前之难题，已由吴市长详述其中，尤以币制与粮食两项，最为迫切，尤希各界领袖重视。

（《申报》1937 年 3 月 3 日）

4日　与西南夷族沿边土司民众请愿代表会面

［本报讯］西南夷族沿边土司民众请愿代表高玉柱、喻杰才，前为代表土司夷苗民众真意，拟具治理西南民族国防意见，晋京向中央请愿。迄今三月，高、喻不久即将南归，喻氏特于前晨来沪，与各界有所接洽，事毕并于今午再度晋京。神州社记者昨特访喻氏于旅次，探悉各情志次：

［在京请愿结果良好］

高、喻两氏，此次向三中全会请愿要案。据喻氏昨谈，计有（一）宣化调查办法；（二）教育办法；（三）治理办法；（四）开发办法；（五）请特予规定国民大会夷苗代表选举法，俾夷苗民族能产生正式代表，与各界有所接洽，得有参与国家政治机会，达到平等原则；（六）对于西南沿边夷苗土司民众代表之待遇等，中央对此深加注意，多予通过并交政院计划办理，同时印行表格，属本人等详加调查，俾便进行。因政府关怀边务，故请愿结果，极为圆满。

［地方协会辅助学子］

喻氏昨日上午，特往市中心区，晋谒吴市长后复至地方协会访教育家黄炎培，磋商今后夷族土司子弟来沪求学，以便沟通文化，俾符开发边夷教育之旨。地方协会对辅佐苗裔青年来沪求学极为热心，今后来沪学生，均将由地方协会予以安置,一切费用亦当设法免除。高氏、喻氏返云南后,即将开始分批派遣苗夷土司子弟,来沪读书。

[在沪组苗夷促进会]

喻氏于今午晋京后,于一二日内,偕高玉柱来沪。据谈,高氏来后,最大任务即为筹备在沪成立固定促进夷苗文化机关,发行刊物。此事将请各界协助,其他,则(一)继续在沪参观前未参观各学校工厂等;(二)准备公开演讲,将苗夷一切人文地理社会情况作具体报告;(三)谋促进国内同胞,对苗夷民族深切之注意,并向各界表示谢忱。

[半年以后再来京沪]

高、喻两氏,在京沪将再作旬日勾留后,即返滇边,尽量宣扬中央德意并遵中央命令,开始调查夷苗情形,以谋各土司间共同联合,同时分赴川黔边地调查,俾明了实际情形及征集土产,半年以后,决定再来京沪。届时除将调查呈报中央外,并携土产,在京沪举办沿边土产展览,同时更将率领大批苗夷土司来京沪观光,大批苗夷子弟,来沪进校求学云。

(《申报》1937年3月5日)

5日　参观巴黎国际博览会玉器预展

[本报讯]我国参加巴黎国际博览会玉器艺术出品预展会,昨晨在大新公司四楼开幕,未举行典礼。自晨至晚,招待本市各界人士参观。明日起,公开参观,门券各公司均有出售,团体参观,并予优待。兹将各情志后:

[珍品满室]

翠玉宝塔,在三年前赴美参加芝加哥博览会,曾哄传沪上,认为希世之珍,乃我国百年来玉艺之结晶,惟以时间忽促,未能在国内展览。出品人张文棣对中央社记者谈及,认为非常抱憾,故此次赴法之前,特举行预展,同时向国内各收藏者古玩商,征得珍贵玉器数百件,均为希见之珍品,琳琅满室,实海上近年来空前之盛会。

[招待各界]

昨晨开幕第一日,招待各界。十时起,观者已接踵而至,张文棣君在场招待。代表团主席褚民谊氏特由京来沪，于十一时莅场，细心参观一周，据对中央社记者谈：此次与赛出品非常精美，而数量亦甚多，皆国人努力之结果，本人代表出席，甚为荣幸望能拨冗前往一行云。闻翠塔赴法，将待价出售，记者询褚张君，则加以否认。据云，此物系我国近世珍品，深望勿流落国外，至该塔价值，未能估计，惟闻保险则为二百万元。

［翠塔工巧］

会场布置简单富丽，翠塔置于中央，下衬绿钿，置于桌上，高达二公尺，方达五公尺，塔高七级，式仿龙华塔，每层之圆槛，雕琢尤精，塔顶垂琏及角铃，均以玉琢成，微风过处，铃声铿然，如叩金玉；塔内及宫灯，均装以电炬，光彩耀目，所谓"翡翠三绝"洵非虚誉；塔座为景泰窑精镶，其下为红木台阶三层，围栏及石级亦为玉雕，牌坊一座，宫灯两架，其式样静雅，全体人物雕镂细致，均各惟妙惟肖；若牌坊之美丽，又其余事，又有狮、龟、鹤、日晷等零件，分置四周，其全部工程经十年始完竣，称为我国绝珍，实非过誉。

［其他玉器］

此次参加展览玉器，搜罗极为宏富，大小共计一千八百余件，玉石之名贵，雕琢之精良，均为平素所罕见。除翡翠宝塔、牌坊、宫灯三绝外，尚有珊瑚凤凰、碧玉四喜登梅瓶、青金双鸡镈、琥珀牛郎耕女、白玉练条瓶、西番做白玉瓶、白玉炉瓶、翠玉空花花篮、五彩翡翠渔翁得利罐、水晶王母寿星瓶、碧玉山水插牌、白玉观音、翠玉为数尚夥，因场位关系，未能完全陈列，现决定每隔二日更换一次，以供各界人士赏鉴。

［评语一斑］

昨日各界领袖于参观后并留题评语，潘公展云：光怪陆离，巧夺天工；徐佩璜云：发扬国粹；戴春风云：巧绝人寰；姜怀素云：品重连城；陈济成云：稀世之珍；褚民谊云：琳琅满目；林康侯云：艺术精华；梁寒操云：环宝神工；沈田华云：国粹；黄炎培云：天乎人乎，稀世之宝，如琢如磨，匪珍伊巧；毛云云：菁华荟萃；王溪良云：天象、翠玉花瓶、秋葵黄玉海棠花盒、翠玉鱼龙变化花插、翠玉人物插牌、水晶昭君、珊瑚鳌鱼观音、黄玉熏、水中八怪罐、羊脂白玉香炉、五彩翡翠牵牛花笔洗等数十件，均为名贵雕刻之物。据张文棣语新新社记者,此次玉业参加展览,各种玉器、地精气;李石曾云:奇珍;赵晋卿云:国粹奇珍;王一亭云:世界之宝。又该会规定优待团体办法,凡十人以上,备具正式公函,得以二折计算,惟须十人同时前往购券方可云。

[职员名单]

我国参加巴黎国际博览会玉器艺术预展会,组织极为恢宏,其交际宣传委员均分别聘请各界名人担任。兹将名单探录如左:

主席团

李煜瀛、褚民谊、王晓籁、林康侯、潘公展、(总干事)刘锡昌、(副总干事)农汝惠、田守成、张文棣、(干事)戴春风、吴祈益、周以泰、邱锡蕃、(文书股)主任田守成、委员张伯伦、(交际股)主任农汝惠、委员许晓初、谢仲复、谢筱初、周邦俊、郭琦元、瞿振华、毛子佩、熊秉辰、朱玉泉、袁鹤松、陆连奎、何德奎、沈恒一、黄香谷、曹志功、林俊、徐秀廷、黄人舫、宋正明、陈德彰、童克昌、顾文生、屠开征、冼冠生、薛寿龄、诸文绮、龚静岩、蔡洪田、尚荣周、吴修、毛云、王德言、李维良、杜刚、张师石、陈超、程祝荪、童行白、吴祈益、戴春风、苏公选、邓伯符、沈君扬、(征品股)主任张文棣、委员陆钧仁、陈惠泉、吴瑞生、吴启闳、顾咸池、刘宜轩、李照青、谢翔鸣、(场务股)主任徐少先、委员张文逮、马功甫、陆钧仁、张秉鑫、丁维唐、(经济股)主任张文逮、委员田守成、刘焕文、张守德、(宣传股)主任田守成、委员周邦俊、孙筹成、朱雨陶、杨光泩、黄香谷、邵如馨等。

(《申报》1937年3月6日)

8日 发表《家庭中人……大家来旅行啊!》

家庭中人……大家来旅行啊!

在几天以前,一位老友来看我,他正在编一种杂志,他的目标是鼓励人家旅行的。我说:"那么先生自己对于旅行,总是定有整个计划,不断地从事的了。"他说:"咳! 不要说起,我是最信仰旅行的,可是没有幸福呀!"我大惊异,问:"是什么缘故呢?"他说:"旅行,不但需要时间,这一点,已为我工作环境所不容许,而且还需要金钱,我的收入很勉强够供给我衣食住需要的,哪

里来这笔闲款呢？旅行！旅行！非钱不行。先生怎样教我?”我听了这几句话,叹了一大口气,便滔滔汩汩地说了下边一大堆的话:

大凡没有懂得这件事的重要,而不干,还不打紧;既经懂得,偏偏不容许你干,这是何等憾事！旅行,于精神上,身体上,种种益处不必说,尤其是都市,尤其是在都市过笔墨生涯的人。这种红尘十丈的生活环境,又日日夜夜伏着案,埋着头苦干,没有机会去换换空气,怎么得了呢?

想到笔墨生涯者,还要想到一般男女劳工,一昼夜二十四小时,倒有十二小时以上在污秽混浊的空气中间卖力,更那里说得到“旅行”二字,怕他们一生从来没有得到吸取新鲜空气的机会吧?

我要谈外国了。西洋人气魄当然来得大,就是日本,火车、电车、车站、旅馆,到处是旅行广告。作者写此文,正接着报告,无锡梅园里梅花盛开,不能不联想到六年以前,在日本亲见安城车站布告各地樱花消息,某地满开,某地某地几分开,某地将开。走进一家和洋组合食堂,一位店主老婆婆,大谈团体旅行的快乐:“最近到东京看樱花,每人只费一圆五十钱。”她说着,立刻表现出手舞足蹈的样子。从东京驿坐车赴箱根,同车一大群男女,化装带酒,歌舞笑谑,浪漫得不得了,问是什么？说是工人旅行团。

我国乡村男女,却别有一种旅行机会。杭州西湖年年香汛,云一般的香客,诸位知道从哪里来的呢？有一回,我在苏州天平山脚下,和几个村农谈话,他们说:“吾们这里有一种人,专做兜客烧香生意。在香汛将到未到时,他们向数十里村庄,一家家问你们要去天竺烧香么？每个人往返几天呀！路费多少呀!”大约往返七天,宿一大船上,船、饭、香烛、纸锭、黄布袋,一切合计,不过一圆几角。村中男女,倾一年积蓄,参加一度烧香,算是人生一乐。既可以根据他们的信仰,很有把握地求得未来幸福,还可以老老小小,男男女女,说说笑笑,过几天开心日子。湖山的美丽,他们虽说不出,写不来,不是没有感觉的呀！从这里可以看出,农村对于旅行,实有同样的兴趣和需要。就是怎样帮助他们,是一个问题哩！

任何一件事,都包含着多多少少社会苦乐不均的问题。怎么得了呢?希望交通当局、地方当局,尽力增加平民旅行设备,减少平民旅行费用,替一

般的旅客谋种种方便,使得优美的天然,新鲜的空气,不要给贵人们、富豪们独享。我愿代表吾们健康家庭编辑部同人喊出两句口号:

我愿天下男女有情人们,个个是神仙眷属。

我愿天下家庭白相陶伴,大家来团体旅行。

民国廿六年三月八日

(《健康家庭》1937 年第二期,第 2 页)

9 日　迎接驻日大使许世英

[本报讯]我国驻日大使许世英氏,返国述职,于六日偕同大使秘书黄伯度,随员胡迈、陈公亮、林幡斧、张经武、周仲坡、杨半农等八人,由横滨乘坐昌兴轮船公司之加拿大皇后号轮启程返国,于昨午十二时抵沪,输泊公和祥码头,中日各界人士到埠欢迎者甚众。许氏在沪不拟多留,即行入京晋谒王外长述职。兹将详情志次:

[各界欢迎]

加拿大皇后号轮于十时进口,十二时停泊公和祥码头,各界人士到埠欢迎者,除许大使夫人外,计有监察院于院长代表严庄、行政院孔副院长代表李毓万、前外交部长张群、中央军校教育长张治中代表张本舜、驻美大使王正廷、上海市长吴铁城代表李大超、淞沪警备司令杨虎、上海市警察局长蔡劲军、中委方治、邵华,及虞洽卿、王一亭、朱子桥、屈文六、钱新之、王晓籁、潘公展、杜月笙、张啸林、黄炎培、关炯之、陆伯鸿、胡朴安、闻籥亭、张克瑶、徐静仁、汪大燧、林康侯、黄涵之等,又上海各慈善团体、各公团代表及安徽旅沪同乡会、徽宁同乡会代表吕荫南、曹志功、蒋凯臣、吴暮卿,并安徽旅沪公学徽宁学校校长、教职员、学生等不下四五千人,途为之塞。

(《申报》1937 年 3 月 10 日)

11 日　筹备职教社大会

[本报讯]中华职业教育社成立迄今,适届二十周年。该社为纪念既往,策励将来起见,定于五月六日在上海举行二十周年纪念大会,并十七届社员

年会、十五届全国职教讨论会，同时征集该社所属各机关，如中华职业学校、上海职业指导所、沪郊农村改进区、各职业补习学校等成绩，并特请苏浙二省上海市职业学校参加，举行展览会。届时各省市赴会会员及运送成绩，经由铁路轮船已经铁道路及招商民生宁绍三公司允许减价优待。社员提案将于本月底截止，现已推定何炳松、欧元怀、钟道赞、刘湛恩、章益、邹秉文、潘序伦、章之汶、胡端行、黄炎培、王志莘、庄泽宣、江恒源、杨卫玉、何清儒、潘仰尧为提案审查员及大会会序委员。业经开始之征求社员成绩，亦预定于大会开幕时揭晓，故各队长等，正在积极进行云。

（《申报》1937年3月11日）

14日　参加河南省灾情介绍会

［本报讯］本市慈善家朱庆澜、王一亭、杜月笙、王晓籁、钱新之、屈文六等六人，于昨日下午五时在浦东同乡会招待本市各界名流，协商救济豫省旱灾办法。到孔祥熙、吴铁城、李大超代许世英、潘序伦、陶茀卿、蔡劲军、陆伯鸿、郭顺、黄任之、钱镜平、俞静波、关䌹、黄涵之、李大超、穆藕初、奚玉书、顾馨一，暨豫省振务委员会主席张钫等四十余人。首由屈文六报告举行茶会意义，即介绍张钫氏报告豫省灾情，并有到席诸氏发表意见，所有各人意见汇集整理后，由救灾会切实进行。

（《申报》1937年3月15日）

16日　作《敬告日本经济考察团诸君》

日本除军事上进扰冀东和察北内蒙等地外，走私日趋猖獗。近复借口开发华北经济，企图控制中国经济命脉。日本经济考察团于14日抵沪，先生作一文，题为《敬告日本经济考察团诸君》，忠告日本、朝鲜，欲消除中日间的不愉快状态，须尊重中国之领土和主权，并根绝走私之行为。

（《黄炎培年谱》，第117页）

录全文如下：

敬告日本经济考察团诸君

日本经济考察团儿玉谦次氏等一行,在"九一八"第五周年以后,趁着日外相佐藤氏发挥和平空气,鼓吹打开残局声中,不惮劳苦,远来中国。同盟社电求他们离东京时发表谈话,声明此行目的在视察中国朝野正在努力建设之财政与经济状态,交换各种问题的意见,努力调和两国国民,使早日脱离不愉快之状态,导之使归于友谊与安定,并主张两国应立于尊重领土主权互惠平等之原则下,改善两国国交,至于经济提携,应以国民感情融合为先决问题云云。我深信儿玉氏的谈话是诚意的,是代表他们全国公意的。我亦愿趁儿玉氏等来华之际,掬吾至诚,贡献一些意见。

中日两国国民状态之不愉快,感情之不融合,谁也不能讳饰。今欲挽回过来,首须究知此"不愉快不融合"的来源何在?去年吾当为日友山崎靖纯氏言:欲知中日问题之所由发生,只须观第一,五九事件以前和以后,中国人对日情感之差度何若;第二,九一八事件以前和以后,中国人对日情感之差度何若,便可了然。中国国民具有爱好和平的天性,稍治中国历史者皆知之。惟其爱好和平,故易受外人侵略,亦惟其爱好和平,故虽土地被人占据,人民生命财产被人蹂躏,而其表示仅仅至"不愉快不融合"而止。若置其土地人民被彼方占据蹂躏之事实于不问,而惟致疑于此方"不愉快不融合"之表示,而欲有以消减之,是直舍本逐末,不啻南辕者之北其辙矣。

中国土地人民被人占据蹂躏,至仅仅表示"不愉快不融合"而止乎?抑否乎?此则甚愿以探察中国国民心理为目标之儿玉氏诸君注意及之者也。吾所愿为诸君率直言之者,日本人所最不愿闻者"抗日"二字,实则日本人正对着这二字在日夜加工制造中。彼所加之工,即土地人民之被占据被蹂躏,逐年扩大范围是也。加工制造之成绩,使此二字镌刻于每一个中国人之心版至于不可磨灭其所表现,亦已彰彰。去岁两广事件之发生,为此二字也。厥后和平解决,亦只为此二字。西安事变之发生,为此二字。吾敢正告诸君,中华统一基础之渐趋完固,国民对于其领袖之爱护有加,最近种种事实之所表现,无非为此二字故,咸愿趋向于自我牺牲。

诸君欲知中国朝野正在努力建设中之财政与经济状况乎?则我亦愿坦

直奉告曰:中国近年以来,立国环境与人民心理对于建设的要求,不可谓不急。朝野上下努力建设之程度,亦不可谓不高。愿有物马,实殆一般工商界与财政当局以莫大的苦痛。此物维何?海关走私是也。吾不欲引用华人的记载,但观美国太平洋事件 *Pacific Alfairs* 月刊九卷四期汉笙氏 Haldore Hauson 文:(以下据时事类编五卷五期余汉三译称华北走私之面面观文)

"历史家巽日会把日本一九三五—三六年在华北牛官式的走私记录为她的一个奇特的国家政策。在关东军(日本驻满的武力)皇家海军、东京外交部和日本驻华领事官署时时保护之下,一群富于企业心的朝鲜人和日本人袭击了中国的关税壁垒,冲陷了一百五十英里之长,偷运了无数吨的糖,无数里长的棉布,足够制成几百万双袜子的人造丝和足矣给每个中国男人女人和儿童的嘴里塞上一卷那么多的香烟纸。走私的货物是由大连用十至三十艘汽船起运,再经过那早经日本海军除去了一切阻碍的北直隶湾,然后由日本领署警察消极的允许或积极的协助,在河北东岸的沙滩上起卸。起卸之后,再在朝鲜人最严密保护之下,由北密铁路南运,直到天津。私货到天津的时候,是每天正午前二十分钟;那时日本买办们已雇好了整千的中国苦力,把它卸下。这事整个的经过,其秘密之程度,无异于火警的钟声!"

他还调制了一张一九三五年八月一日至一九三六年到津私货表,单是所逃的税,已有一千九百十二万余个关金单位之巨。他还说:真正为大宗货物走私而受到打击的,不是海关收入或外债偿付,而是中国的糖业、棉织品业和人造丝业。读者诸君试测财政当局对此怎样?全体工商界对此怎样?一般热心建设而遭遇到这种任何国家所不会发见的损失,他们的感想怎样?此吾甚愿报告于善意视察中国努力建设状况之儿玉氏诸君者也。更愿直率地为诸君言者,吾人早已感觉到全世界经济是整个的。只有从并立而互助的意义之下,才获达到共存共荣的目的。中国与日本,历史上、地理上其密切的程度,为任何国家所不及。无论在经济上、政治上中国如欲与他国有所援系,当然首及日本。万不料事实上乖张至此,没到不得已时,迫使舍近而图远,究竟是谁负谁,谁弃谁,决不难平心下断的。

儿玉氏诸君游观余暇,甚望屈玉趾一观五年前战神所吐弃的闸北残垣废瓦之广场,诸君寓庐午夜,或尚能倾耳一听天通庵一带力能警醒居民清梦的示威习战之枪声。

有人焉,左手执利刃洞我之胸,而伸右手以与我相握,冀使我一联握手之欢,遂忘却洞胸之惨,只怜被握之手创痕累累然犹在渗血未已耳。

虽然,儿玉氏诸君之诚意,吾人深信之,且深佩之。诸君已明言:经济提携必以两国国民感情之融合为先决条件。诸君已明言:从互惠平等下改善国交。吾人已有觉悟,愿为此目的努力。吾深愿儿玉氏诸君能发挥诚恳的意旨,从深思熟考之余,勿误其努力之方向。

最近日本名古屋泛太平洋博览会,要求上海各界选送出品与会,访闻彼会设有伪满洲国馆,经上海各公团严词拒绝。今上海各公团联席以迎诸君,吾知诸君必能鉴及上海市民行动,虽一夕樽酒之欢乎,固亦尝经过慎重之考虑者也。

(《国讯》1937年第158期)

27日　在中华职业教育社联欢大会上演讲

中华职业教育社在沪社员,假浦东大厦举行联欢大会,和王正廷应邀到会讲演。

(《黄炎培年谱》,第117～118页)

31日　出席上海各界欢送吴铁城市长、欢迎代市长俞鸿钧宴会

[本报讯]上海市党部、警备司令部及各机关、各团体共四十六个单位,以吴市长荣调粤省府主席,不日即将离沪,特于昨日正午,假新亚酒店联合欢饯,并欢宴代市长俞鸿钧氏。到中委褚民谊、萧同兹,驻日大使许世英,市党部吴开先、童行白、陶百川等全体委员,市政府潘公展等各局局长,暨各机关团体代表杜月笙、虞洽卿、王晓籁、林康侯、赵晋卿、王一亭、钱新之、黄任之、黄伯樵等三百余人。

(《申报》1937年4月1日)

31日　出行江西

应江西省主席熊式辉之邀，偕江问渔赴南昌，考察百业教育，商讨协助推行赣省百业教育实施方案，并计划设立中华职业教育社分社。

（《黄炎培年谱》，第118页）

是月　写成《妙高峰中学三十周年纪念册》序

《妙高峰中学三十周年纪念册》序

余在二十年前，即识方小川先生。壬戌之秋，亦尝一登先生所掌教妙高峰中学之堂，惜以伏假，未获一听弦歌雅韵。顷者，以妙高峰立校及三十年，将有所刊布，而索余一言。余何言哉！重达先生请，率陈所见：

中学在各级教育中最占重要。男女青年达中学年龄，彼辈心理上、生理上所自然发生的种种要求，经社会间物质与精神之交相诱惑，既无定识以鉴别，又无定力以克制，彼时所潜伏的危险性，最为严重。施教育者纵之将泛滥而无归，抑之则又恐横决而莫制。此其所以难也。虽然，中学教育诚难，要非无道以处此。至要在施教育者精心研究，善能以毅力行之，而又须事事以身作则。凡此从艰困中所获得之趣味，非身亲其境不能道。

妙高峰始设简易师范，厥后请改长沙中路公学，小川先生即兴焉。厥后改妙高峰中学，先生实为校长，迄今盖二十有五年，以其心之精，力之毅，任职又若是之久，海内谈中学，殆鲜有能与抗颜行者。如余者，亦当勠力其间而不获久任，对先生行自愧矣。

近岁以还，外患日以迫，国步日以艰。一念及非常时期，沿江沿海，门户洞开，防卫非易，又念及各行省间历史上、地理上谁最富于同仇敌忾之特性与其素习，则皆注视三湘子弟。顾谁生聚之？而谁教训之？合同志以肩大任，征先生其谁兴归？

中学教育，宁止负寻常教训之责？今制，初中三年，以普通为原则，高中三年，以农工商等分科为原则，先生所知也。将使青年男女，人人具备自治治群，自养养人，自卫卫国之能，升大学则以专门学艺自靖自献于国家，就职则行其所学，为国家能自生产，能自团结之优秀公民。一旦遭遇非常，执干戈以卫社稷,发挥其平日涵育于忠义,扶植于风节,凛然不可或犯之精神,虽牺牲生命,匪所顾恤,中学教育诚底是,庶几其无负于国家也已。先生其见许乎!

敬以此数语掬诚奉献于先生,于先生所掌教之妙高峰中学诸教师诸学友,幸见教!

民国廿六年三月

(《国讯》1937年第160期)

4 月

3 日　致函杜月笙，议修建浦东石塘事宜

穆藕初与黄炎培、沈葆义、吕岳泉联名致杜月笙函，请将祝嘏之资建筑石塘。函云："本会接准监事秦砚畦、理事傅佐衡、永久会员黄星阶等提议文开：浦东滨海，农田保障，专恃圩塘。西起金山县江浙界碑，北抵川沙县上宝界碑，共长三万二千九百六十三丈。惟松江县漴阙，明末清初，筑石塘七千八百六十八丈。其余皆属土塘。人民与水争地，每遇飓风淫雨，昼夜防堵。塘身稍有渗裂，立即备土填塞。幸而风息雨霁，潮水不涨，始庆更生。否则一隙之溃，数十里内汪洋一片，身家性命尽付东流。农民恃塘为命，名曰命塘。当逊清全盛之时，物力充盈，官绅廉正，工料坚实，民庆安澜。近五十年来，公私经济困难，岁修费绌，不能加厚培高。远如光绪三十一年，近如民国二十二年，南汇塘身破溃，冲坏庐舍，湮没棉禾。小民荡析离居，惨不忍睹。于是急赈有费，冬赈春赈有费，终至修塘筑圩，需费尤巨。募捐之广，遍及苏浙两省。其损失之巨几不可数计。而漴阙之石塘，三百年来屹然不动，则为我浦东永久计者，莫若建筑石塘。顾需费至巨，非千余万元不可。似宜择其险要之处，先行试办。查南汇一团以南，塘外涨滩宽阔，海潮不能侵及塘身。惟二团以北，潮猛流急。光绪十年所筑之王公塘，已几完全坍设。似宜于二三团间及川宝交界，旧属宝山县，新属上海市等处，先建石塘一道。因该项海塘，关系之重要，不仅在浦东一隅，不谋根本办法，则海潮横溢，土塘失其保障，恐现为全国经济重心之上海市，亦将成为泽国，其损失无可计算矣。本年欣逢本会理事长杜先生五十生辰，各方筹款建设，以垂永久之纪念。愚窃以为学校、医院，皆不如筑塘之事急而泽永。况杜先生亦垂念及此，屡催政府修塘，则石塘之设，亦本杜先生平日之志愿也。可否由本会议决，公请杜先生以各方寿仪，移筑浦东石塘，将来杜先生六十、七十、八十以至无量数寿，皆依此例，以寿仪移筑浦东石塘。俾吾浦东人民，安居乐业，得以分其余力，供给社会要需。则杜先生之厚泽，不仅沾被浦东等语。经于本月二十日，提出第六十次理监事联合会议，全体一致赞成。议决应函请吾公赐予照办等由，纪录在案。查弟等前已于四月三十日专函，为体念吾公爱惜物力之意，拟通告同侪，凡祝寿送物，改送现金。并请移此祝嘏之资，以济要需，乞公表示同意。”

（底稿，《浦东同乡会档案》，
引自《穆藕初年谱长编》，第1126～1127页）

6日　在南昌参观学校、青年会等地

在南昌先后参观学校多处，及公路地政局等单位。今日至青年会参观理发师训练、染师训练和妇女改进社等处。

（《黄炎培年谱》，第118页）

7日　参观丰城、樟树、吉安等处

丰城只在路旁参观一保联示范区中心小学，及江西农村服务区第三区。

（《黄炎培年谱》，第118页）

8日　在江西省立女子师范学校演讲

至赣县。参观省立女子师范学校，集学生讲演，为介绍陈衡哲女士所著《新生活与妇女运动》一文的大意。

应赣县中学邀讲演，题为《学生出路问题，责在政府与师长？责在自己乎？》。又在党政军各机关公宴席上讲演，题为《在整个机构之下，为劫后民众造福，为国家为民族努力复兴大任》。

（《黄炎培年谱》，第118页）

9日　由赣县至大庾

大庾盛产钨矿。据悉全球年产约万吨，中国占70%，赣南又占全国出产之一半。

（《黄炎培年谱》，第118页）

10日　参加中国国货联合营业公司创立会并担任常务监察人

[本报讯]（南京）国货联营公司十日下午三时，在实部举行创立大会，计到吴鼎昌及官商股代表蔡声白、许冠群、吴蕴初、郭顺等多人。由吴鼎昌主席致词，略谓，国货联营公司之成立，与各业均有极大之关系，一方借全国国货工厂组织全国国货贩卖网，与国货公司发生密切之关系，一方复可使全国机织品、手工业品及土产品之销路均能增加。此外更有一重大之意义，即国货公司之成立，可使全国人民均有机会购买国货，及使中国经济，借此得有重大之发展。至政府创办本公司之意义，系在提倡国货，非为牟利，故将来本公司营业发展后，政府股本均可转让于商界。照章程规定，官股系占三分之一，然事实上各公司工厂均踊跃参加，故商股竟占四分之三，而官股则仅占四分之一，此实足以表现商界对政府之信任，及乐与政府合作之精神，云云。

吴氏词毕，即由程志颐、王性尧分别报告筹备经过，并仍由吴鼎昌摘读公司章程，一过，旋选举吴蕴初、方液仙、蔡声白、胥仰南、方剑阁、诸文绮、任士刚、叶友才、程年彭、秦克成十人为商董，郭顺、陈小蝶、陈吉卿、卢志学四人为候补商董，及郭顺、胡西园、许冠群、项康原为商股监察人，并宣布经建总会指派董事为吴鼎昌、周贻春、张轶欧、刘荫茀、程志颐五人，及特约银行团指派董事为钱永铭、史久鳌二人，及官股监察人为黄炎培、章元善二人。嗣由吴鼎昌宣读董事及监察人调查报告毕，至下午五时半摄影散会后，复仍在原地接开董监联席会议，当经推定吴鼎昌为董事长，方液仙、蔡声白、方剑阁、任士刚为商股常董，黄炎培、郭顺、王志莘为常务监察人，及宣布经建总会常董为张轶欧、程志颐特约银行团常董为史久鳌，旋讨论。（一）筹办首都国货公司案，决议交常务董事会办理；（二）核销本公司设立费用案、决议，由监察人签名盖章;(三)接收筹备委员会及秘书办事二处文卷印刷品案,决议俟总副经理产生后,代表常务董事会接收,至下午六时半散会。又该公司第一次常务董事会定十一日下午三时半在吴鼎昌京邸举行,讨论该公司总副经理人选之产生及一切公司重要进行事宜。

(《申报》1937年4月11日)

[本报讯]中国国货联合营业公司,于本月十日在南京实部开创立会,选举吴蕴初、蔡声白、方液仙、方剑阁、任士刚、叶友才、诸文绮、胥仰南、程年彭、秦竞成、史久鳌、钱新之为商股董事,许冠群、胡西园、郭顺、王志莘为商股监察人,连同官股董监周贻春、张轶欧、陈郁、章元善、刘荫茀、程志愿、黄炎培,适合法定人数,并推吴鼎昌为董事长,方液仙、蔡声白、史久鳌、任士刚、方剑阁为常务董事,郭顺、黄炎培、王志莘为常务监察人,并由常务董事会,推定蔡声白为总经理,王性尧为副经理。

(《申报》1937年4月14日)

10日　参观临川农村改进实验区

由赣县至临川,参观农村改进实验区。继赴南城、南丰、宁都等处参观,旋复折回临川。集合各校校长于县府,研究青年的思想问题和教育与生产的关系两个问题。讨论结果,第一个问题,认为今后教育,应以国难为中心,激励青年,使之注意炼身、勤学与服务三个方面。第二个问题,主张教育当局应在政府整个经济建设计划之下,训练青年使之成为适应于建设需要之人才。在德性、体格及常识诸方面,应在普通教育内给予基本的充分的训练,使之处常处变,无所不宜。

(《黄炎培年谱》,第118页)

11日　写成《读书的目标》

根据在吉安对学生讲演,写成《读书的目标》一文,载于《国讯》第163期。谓读书的目标有二:(一)为多数的民众;(二)为整个的国家。因讲演的地点在吉安阳明书院旧址，故最后以王阳明所倡导的“知行合一”四字相勉。

（《黄炎培年谱》，第118～119页）

录全文如下：

读书的目标

我幼年读书的时候，就知道了在历史上享有威名的庐陵，也知道庐陵即现在的吉安。这次亲身来访问，看到山明水媚的环境，想及欧阳文忠、文信国诸贤的事业，仿佛走进了另一个境界，使我无限景慕。今天更蒙各界领袖给我这个机会，得与许多男女同学相见谈话，尤其是感觉兴奋。

诸位同学之中，有的是师资训练所的同学，有的是中学或师范的同学，我虽不能分别的问姓名谈话，但我的感情确实非常的亲切而热烈，如对亲兄弟姐妹一样。我常想到我们在世上做一个人，匆匆几十年光阴，应当不要空过去。尤其是生在国家前途危险的今日，有无数的人想读书，想服务，而不可得。我们享受了这大大的幸福，要是不替国家社会作点有益的贡献，良心怎得安呢？

我自从服务社会以来，对于教育，始终有密切的关心，天天将教育的问题摆在脑子里想，常喜欢请同学们提出问题来，同我讨论。可惜今天为时间所限，不能与诸位详细讨论问题，只好由我提出一些意见贡献诸位，借以供诸位的研究。我所要说的是读书的目标。在从前科举时代，一般人只晓得读书以后，我可以获取很高的地位，很大的名望，以炫耀乡里。那时所谓读书的目标，不过如此而已。诸位读书，当然不会有这种观念。我以为现在民生痛苦，国步艰难，读书的目标至少有两点：

第一，是为多数的民众。现在大多数的民众都非常痛苦，缩小范围来说，诸位的家乡十年以来，闹得残破不堪，杀人放火也真受够了。都是中国的同胞，何以会成为杀人放火呢？这是很值得仔细思量一番的。尤其是我们受了教育的人，更应把这问题详密地分析。据我分析的结果，一部分历史上的乱象是两种人合成的：一种人由于不满现状，思想不安定，这不过少数；

还有一种人，智识浅，思想也简单，可是他们的生计问题不能解决，最低限度的要求都不能供给，简直无路可走。于是思想不安定的那些人，在那里狂叫着：大家跟我们来！许多无路可走的人，便都跟着前进。这样，少数思想不安定的人，带领了多数生计问题不能解决的人。于是问题就大大的严重起来了。在历史上所谓一治一乱，虽主义不同，各挂各的牌子，性质还是一样。所以我们要看清，大多数民众的生计问题，实足为天下治乱之源。我们在社会上受到优越的待遇了。诸位看看，门外那许多人想到这儿来坐坐，都没有机会呢！我们还不应当深深地掏出良心来替那许多人谋些福幸吗？今后大家应注意：怎样才能得地方平靖，怎样才能使人民安居乐业。国家兴亡，匹夫有责，何况诸位将来有机会做教师、校长，做督学，更应充分的把责任放到肩膀上来，大家在求学时应好好的准备。民众穷，我们大家来想办法。读书莫读死书，要使所读的书成为有用。师训所及师范同学，或为现任的教师，或为将来的教师，都要认定目标，时时注意怎样使所教的学生能够解决他们的问题，减少他们的痛苦。我们当教师的，不但所教的学生叫我们老师，跑出校门，外面的男男女女、老老幼幼也都叫我们老师。既然一乡之人都称我们老师，而我们对一乡之人毫无关系，毫无酬报，这便是大大的不应该。诸位记着，无论哪里任教师，绝不要单把校内的学生做对象，而要把全地方的民众做对象。这是做教师的目标。其次要谈到做教师的方法，最要紧的是以身作则，自己做个榜样给人家看。中华职业教育社在江苏昆山县办了一个乡村改进会，我们要做事都是自己先做起。譬如提倡清洁，光是贴标语，说室内要清洁，门口要清洁，街道要清洁，场地要清洁，都是白说的，不能收效的。只有教师们带了学生，拿了扫帚，一家一家替他们扫。人家看到老师来扫地，看到自己的事情劳别人做，觉得难乎为情，自然自己会常常扫。这样一来，户户家家便都清洁，井井有条。这是举一个例。诸位记着，我们当教师的，要人家做，我便先做，要人家不做，我便先不做。这是做教师的必要条件。至于普通中学的学生，我一谈到就替他担心。普通中学毕业，不易得到职业。假使百人之中，六七十人有职业，学校当局便认为幸事。但是我们做校长的、当教员的，受了社会托付，学生本人希望我们能替他们自己解决服务问题，做父兄的都莫不希望我们能替他们的儿女解决服务问题。我们受了这样的付托，只要一个学生的服务问题没有解决，便是我们的羞耻，我们的良心便不能安。因为这一个学生受了同样的教育，抱着同样的希望。万不可以为百人之中九十九个人的生计都解决了，这一个便听他去，所谓“一夫不获时予之辜”。我们做校长的、当教员的，都要注意这句话。但是学校当局乃至于行政长官固然要负责代谋学生的职业，而学生本身也不能无责任。因为人家的帮助是不够的，且不应该专靠他人的。我们根本的态度是求己，孔子说：“君子求诸己。”《大学》说：“君子有诸己而后求诸人。”所以我们无论读书、做事，都要能刻苦自励。刻苦才能得实学，刻苦才能使工作有成绩。有做事的机会便该刻苦去做，不可左挑右选，报酬低，工作繁而不愿。我们只要有机会总要尽心竭力，埋头苦干。

读书的第二个目标，是为整个的国家。现在国家濒于危亡，东北四省的现状不用说，就是我所住的地方上海，是中国第一个大商埠，但上海人的生命却天天悬在帝国主义者的手里。再说到这里江西，总算是安全之地吧？不然！我们看看，长江里面有多少外国兵舰，广东海口又有多少外国兵舰。只要人家把九江和广东两处门户对锁起来，江西便在虎口，还有什么办法？中国目前的情势实在太严重了，太危险了。处在这么一个环循之下，不用说我们要有救亡图存的决心。有了决心，便该切切实实的准备。在过去，中国关着门睡觉，一睡几千年。到了领土被割，主权被辱，于是才醒过来。我们现在所需要的是中国的自由平等。怎样才能求得中国的自由平等呢？孙中山先生告诉我们：“必须唤起民众及联合世界上以平等待我之民族共同奋斗。”大家注意，我们每星期读一次孙先生的遗嘱，不要枉读了，我们是要奋斗的。可是奋斗要有力量，这力量从哪儿来呢？我有一句要紧的话贡献给诸位：

凡是中国人，都要把所有的力量拿出来，不许有丝毫收藏着，不许有半点消耗掉，要完完全全用在为我们国家民族求生存的大目的之下。

诸位！大家记着这句话，并且依照去做，一切的力量都从此发生。我个人自九一八国难以来，所说的话，所写的文字，所做的事情，以及奔走各地的目的，也全不离这个原则。

今天我与诸位相聚的地点,是阳明书院,为纪念阳明先生而设的。江西是阳明先生一生服务的结晶所在,尤其是吉安,为阳明先生讲学的地方,大家勿忘阳明先生一生的学问事业本于“知行合一”四字,就是知得就该行得,即知即行,完了。

廿六,四、十一

(《国讯》1937 年第 163 期)

16 日　完成《赣游闻见》连载

作《赣游闻见》完,连载于《国讯》第 165 至 168 期各期。

(《黄炎培年谱》,第 119 页)

录全文如下:

赣游闻见

此次游江西南昌而外,丰城、樟树、吉安、赣州、大庾、临川、南城、南丰、广昌、宁都、景德,共行公路一千九百零七公里,一部分在三年前游过。劫后元气恢复得很快。想到当局施政的努力与民族之富于生活力,同时还感到人民痛苦之犹未尽除。前已写过《江西归来》一篇,我尚准备写一本小册,贡献于国人。兹先将所闻所见种种事实,像开个展览会似的,陈列起来。

(一) 总述

江西八九年来,天灾人祸够受了。方以为财政艰困之极,必不易清理。乃读民廿五年《江西年鉴》本省负债,现仅余玉萍铁路公债,以财政部名义发行者,一千二百万圆。所有民十七年整理金融库券,已全部收回。此外似无他项公债。

为欲知江西人民负担状况,乃检取年鉴所载江西省金库民廿一、廿二、廿三(年)三年间收支报告,摘录其中直接取诸民者:1.田赋,2.契税,3.营业税,4.特种营业税,5.船捐,6.清匪善后捐,7.公路一五盐附捐,8.整理土地经费,9.丁米屯户团队费,10.地丁加价催征费,11.契税罚金,12.营业滞纳,

13.出口米照,14.团队盐附捐,共十四项。每年结数以廿四年十二月止,各县编保甲报告人口数一千五百六十九万零四百零三人除之,得平均每人负担数如下:

廿一年　八、五七八、四一五圆
　　　　每人平均负担数五角四分
廿二年　七、一六三、一五八圆
　　　　每人平均负担数四角五分
廿三年　八、七一〇、一一六圆
　　　　每人平均负担数五角五分

然各县正附税外,尚有各种摊派不在内。

从江西地方教育第六十九期内,发见江西初等教育数量之猛进如下:

校数以民二十年度为一百分(五、一五〇),廿一年一百零六(五、四四九),廿二年一百一十五(五、九〇〇),廿三年一百六十九(八、六九九),廿四年三百(一五、四三二)。

学生数以民二十年度为一百分(二〇七、〇二九),廿一年一百零八(二二三、六七五),廿二年一百一十八(二四四、五四五),廿三年一百八十九(三九〇、七五〇),廿四年三百六十八(七六一、八七八)。

四年之间,学校数增加三倍,学生数增加三倍半以上。

(二) 南昌

南昌省城内外,可观者甚多。仅两天二十几个小时内,参观了省立农学院、运塘乡村师范学校、公路局、地政局、妇女生活改进社、私立创声中学、省立民众教育馆、省立第一工业职业学校、省立南昌女子职业学校、工商管理局、省立第二商业职业学校、百业教育等。较详的记录,让给未来的小册。兹提出三件崭新的机关,先为简略地说明如下。

(甲) 江西省地政局　自熊主席就职,以整理土地、复兴墓村为中心工作,决采用航空测量。商由参谋本部陆地测量总局派航空测量队来赣,廿一年八月始测南昌县,廿三年一月全县告竣,制成丘地地原图八千六百十五幅,实测农地面积一百四十六万四千零六十亩,并实施土地调查,勘定县区保界,划分地价区,估计地价,逐坵测算之结果,绘制地图,编过册籍,办理所有权登记,至廿五年六月,南昌县全部业务告竣。共耗四十万余圆。估计所测地价总额约五千四百余万圆。即从廿五年度起,实际田赋旧制,改征地价税,依千分之一约五十四万余圆,较旧额五十二万余圆,相去无几。从此有粮无田,有田无粮之弊,一扫而空。以后各县分五期,南昌外八十二县,预计八年至民卅一年六月完成。平均每亩计费银三角。现已有十七县在续测中。

航测方法,经试验修改之结果,使用空中摄影机,保持一千六百公尺之高度,于预定航线范围内,摄取七千五百分之一底片。每片除重复部分外,有用面积约合实地八百亩。每次摄取二百五十片,合二十万亩。每月飞行六次,可摄取一百二十万亩。遗漏者补摄。结果绘于成果图上,付之晒印。再用三角锁控制法,选定控制点,用纠正仪使之完全密合,成为精确之二千五百分一照片图,放大为一千分一,最后清绘成图。民廿三年十月,内政部公布土地测量实施规则,根据南昌实施之结果,规定户地测量,采用航测量了。

以上,得之参观,谈话及报告书。参观既毕,感慨万端。前闻日本,在明治初年,编制土地飞账,费时二十年,当时深深地想到治国而不顾根本,罢了。如果顾到根本,从此处下手,地权与田赋何能准确?以吾国之大,此问题如何解决?心头怀闷到今。今见此,不禁欣喜到狂了。

(乙)百业教育 职业教育,不外乎两种对象:一为有志就职业者,一为已就职业者。前者为正式的学校教育,后者就是职业补习教育,江西行政当局确认后一层的重要,同时认到所谓已就职业者,能注重一般职业,而为人们所易于忽略的。所以创为“百业教育”一名词,其涵义就是一般的职业教育。南昌已在举办者,已有十来种。吾所见到的:

一为理发师训练。四月六日晨八时半,往南昌青年会参观。受训练者一百九十余人,内百五十人为第二期。余系第一期,皆系担匠师。教师杨君会在日本及哈尔滨等地研究。正讲消毒一课。逢星期二、四、六晨上课,星期二:公民、消毒,星期四:卫生、理发术,星期六:公民、理发术。两个月为一期，开办以前，查得市上担匠师五百余人。分做三期，第一期一百四十三人。问用何法招来？答由公安局责成保甲长强迫来学，并动以利害。凡未受训练者，以后禁止挑担营业。受过者给以文凭。开始训练日，奏乐，厅长局长亲来训话。并请观电影，坐位皆先编定。上课时旁立警察二人。有缺席，报告警局召来补课，再犯有罚。毕业考试，每人口问讲义一次，并令模范理发一次。毕业者赠以大手巾、口罩。此中识字记占百分之五十。初上课时，口中常作声，咳嗽。现已寂然，能举手答问，和学生上课一样。

一为染师训练，附设于第一工业职业学校。内分绘瓷、刷印、染色三种，由公安局市商嘱同业公会选送，由各业自动报告，民廿五年十二月开办。来者皆识字，所用课本皆懂得。参观时适逢雨夜，计到二十二人。教师刘君，授化学。

此外正在计划举行者，为说书业、藤器业、缝纫业、南货京果业、碾米业、胶皮业、木器制造业、水木工人、制革业、酱油制造业、金银器制造业、堂师工人、旅馆业、备工等。

（丙）妇女生活改进社　此社为特设机关，省府每月给款二千元。主持指导者熊芷女士，总干事王敏仪女士，对妇女生活改进，皆有研究，有经验。已办有补习学校，手工补习班、托儿所、模范家庭。如理发室、浴室、厨灶，皆有模范设备，精洁而省俭。正在计划扩大活动。妇女生活改进，实为社会改进的基本工作。江西用省款大规模举办，如继续努力，经过若干时间，各省必纷纷仿办，深信将在未来社会放一新异彩。

（三）丰城

四月七日晨，汽车发自南昌，过丰城县，未及入城，就路旁观下列两机关：

（甲）丰城第四保联示范区中心小学——校长甘嘉平　江西保学自丰城开始。此保联辖十九个保，一百七十九个甲，二千零五十二户，一万七千一百零五人，内男八千九百零一人，女八千二百零四人，残废者一百五十六人，壮丁三千二百六十三人，学龄儿童三千二百十一人，未就学者一千九百五十四人，十六至四十五岁文盲二千三百四十二人。

现有保学二十五所。除每保一所，共十九所外，余为分校。中心小学学生一百六十五人,成人班学生五十二人,妇女班学生一百零九人(分两班,一班设在联保办公处,下午授课二时至四时)。该保联有田二万七千四百二十八亩五分。上年稻的产量五万六千零十四石,主要的杂粮产量七千三百零八石,每亩完粮八升。带征收及派款的负担,比完粮在一倍以上。以上据该校壁间揭示及甘校长口头报告。

该校庭园整洁。妇女班手工出品草帚、草垫,皆切实用。全校师生精神充满。

该地逢三九赶墟。适见是日耕牛买卖,牛身甚瘦小。

参观保联办公处及全村一周。保联经费规定每月甲等三十八元,乙等三十元,丙等二十四元,设保丁二,书记一,中心小学校长一律兼该保联主任,不另支薪。各保长经加推后,由县加委。各保联设有电话,备有梭标等武器,保丁每夜巡逻。

(乙) 江西农村服务区第三区　该区事务所设在丰城县罔村上,距县城东北十五里。由教育指导员胡恕生招待。农村服务区,每区设总务、农业、教育、卫生、合作五组,冠以总干事一员。总务以外,各组主任皆由省主管机关派遣,分向派遣机关支薪。总干事月薪一百四十元,以干事兼地方区长,不另支薪。区署月费二百十余元。

所见村内妇稚衣服完好,村多大树,村牌、道路、沟渠皆修整。会举行集团结婚,第一次九人,第二次十三人。参观罔上保学一所,学生八十七人,单级编制。女教师一人,月薪十六元,研究费两元,办公费两元,月共经费二十元。

参观罔上手工场织机二十架,在动作者四架。因布无销路,改织纱布,供医院使用。

本村设有罔上医院、康平养蜂场,此场闻由一师范生所经营,颇获利,去年得四五千元。另有维兰养蜂场。

(四) 樟树镇

由丰城前进至樟树镇,未经预约,因念此镇为江西大镇(樟树、景德、河口、吴城)之一,临时停车参观。

（甲）省立樟树初级中学——校长周克刚　学生男子部六班，女子部二班，共三百十二人。内女子部五十七人。学费每学期五元，女生减半。遭乱者，凭保安队查明报告后减免学费。女子部自经乱停招，民廿四（年）重招时，每班仅得七八人，现渐增。此校毕业生百分之六十升高中，余为保学教员或家居。以上校长见告。

（乙）第三保学　途见该校校名牌，入内参观系一破败之庙宇，学生十四人。

（丙）县立女子职业学校　樟树镇系清江县境，途见此牌，入内参观，校长未见，询学生，知一部分为初小，一部分为高小，设有手工科，似宜正名为女子小学校附设职业辅习科。

访商会主席，沈君见告该镇在乱方炽时，会失陷一次，六天内被索去现银六万元。现市况较乱前不及二分之一，去年起稍稍回复。人口原有十七万，现存十一万。有两保联十四保。土产以药材为大宗，产自西部及西北部，以本镇为集散之地。旧时年额百万元以上，乱前五十万，现时仅三十万。次为米壳，乱前年额三十万石，现不足十万。又其次为橘子、瓜子。沿途见筑路工人甚多。

（五）吉安

七日晚到吉安，第三区行政专员兼吉安县县长刘振群、商会主席萧宗川等相见。

（甲）萧主席、刘专员谈地方一般状况　吉安为赣江商品集散中心地点，全县人口二十八万余。吉安城市三万余，店铺一千九百家。米输出廿四年三十余万担，廿五年四十余万担。当乱时无输出，甚至购食省外之米。木材廿四年三十万元，廿五年四五十万元。土布阔一尺二寸，布点数十家，发给原料于女工，令在家纺织，廿五年产额一百余万元。此货向南输出，乱以前仅广东佛山一镇，年销一百多万元，今无。福建汀州六十余万元，今仅销七八万。其故一因土锭被减于洋锭，二因各地自制，佛山所制冒称“吉安布”。银行七家，年放款共三十余万元，月息一分以上。钱庄民十五年有二十三家，以后逐渐闭歇，民十九年仅存十家，现无存者。当钱业全盛时，放款多至五六百万元，最大之钱庄，放至一百五六十万元，因其专重信用也。若银行对资金万元之商店只能放至两千元，故市面骤见紧缩，全县田赋正附额征二十二万余元，比额十八万余元。以亩计，每亩正附约共七角五分，积谷每亩二角，保学经费每户两角以内，贫户免纳。土产尚有薄荷、红瓜子、茶油等。县城有电灯厂。

（乙）参观第八区敦厚村农村服务区　江西农村服务区系全国经济委员会拨款派员办理。此第八区距吉安县城西南十五里，原名圳头村。于入村处见流动打铁担，一人担火炉及风箱，歇树阴下，为人家锻制铁器，一人为辅。见区干事兼区署长袁戢甫、中心小学校长刘光汉等。此区第一年[民廿四(年)]以第二区第二保联做对象，第二年[民廿五(年)]以第二区九个保联七十五个保四万民众做对象。学龄儿童九千八百余，入学者百分之三十以上。本区平均每人得田一亩余，早稻一熟，平均每亩收百五十斤，纳半数于田主。大豆一熟，以其所获抵全年种子、农具、肥料、人工等。廿五年十二月放款三万元，用途限于改良农事，现收回了四分之三。牛五千余头，廿五年疫死二千余头。稻种通行者为"湖南早"，但不甚佳。现采特约农家方法，推行"鄱阳早"。廿五年每亩正附税共五角，田主负担。保学费、壮丁训练、征工则归田农负担。水利费归受益田主负担。积谷每人负担五角。壮丁训练从廿五年十月起已办五期，每期集中训练一个月。本区壮丁八千余人，已受训练者三百五十人，由保甲长负责召集。省府定每名每期给食费两元，但未能收到。筑永新公路，征发全部壮丁做工，每人担任两土方，做工四天，饭一元六角自备，工具自备。吉安县出外经商者五分之一，称"吉安帮"，颇有势力。贱视农业，以其获利微细也。泰和县亦然。

敦厚全村皆刘姓，有祠堂，三十余所，所见皆极辉煌，足征从前地方之富厚。(未完)

赣游闻见(一续)

此次游江西南昌而外，丰城、樟树、吉安、赣州、大庾、临川、南城、南丰、广昌、宁都、景德，共行公路一千九百零七公里，一部分在三年前游过，劫后元气恢复得很快。想到当局施政的努力与民族之富于生活力，同时还感到人民痛苦之犹未尽除。前已写过《江西归来》一篇，我尚准备写一本小册，贡献于国人。兹先将所闻所见种种事实，像开个展览会似的，陈列起来。前期所载为综述及南昌、丰城、樟树、吉安，本期续前。

（六）赣县

八日晚到赣州，宿。九日晨赴大庾，晚回赣州，再宿。所至省立中学、省立女子师范学校、省立乡村师范学校、第四区第二保联中山民众学校、第四行政区师资训练所、赣南公立图书馆、县商会、郁孤台、八景楼、赣州公园、中山公园等。

（甲）地方概况　赣州市况，比民十七以前恢复不及一半。城市人口最盛时有九万七八千人，现仅四万人（其中一部分为避乱而来，乱平回去了）。银行五家：中央、中国、交通、农民、裕民。钱庄全盛时十七家，现存二家。木材营业额，民十七以前，年二百万元。廿五年回复到八十万元。木商有自向山上采运者，有间接购来者，而以下游木商派员来此购运者占多数。输入以洋纱匹头占多数，年三四十万元，保险未有，押汇未有。发展商业的条件，还没有完备。

赣州北城下为章、贡两水合流处，城东西北三面临水。城门有七，仅南城二门向陆地。八景楼在北城上，毁于兵。州人两次中航空券首奖，捐资改建，规模较大，资尽而楼未成。郁孤台在西城高处，俯视章江，台趾为省立女师范学校。民廿一年春，赤军围城三十三日。时章贡二浮桥已尽毁。守城者为旅长昆，令民间一人挡一沙包堆置南城下，民间无出物，则纳土于袴以应。城猝被轰毁，而土城适成。迨土城又破，而十八军适到，围始解。然已千钧一发矣。

赣州近岭南，气候渐异，所见多高花大木。山皆赤土，草木浓绿。赣南人民重气节。女子天足，能担百余斤重物，所见负重行街头陌上者，皆女子也。操作之劳苦，殆超男子而过之。赣州城内通行国语，出城则否，相传为王阳明先生遗教。而最近大军云集，语言亦受不少影响。阳明之教民国语，每日街头揭示若干白话文句，公开阅读敌老相传如此。山上有旧碉堡，亦为阳明先生之遗物。

赣州市容崭新,有三大通衢,两旁商店,皆四五层骑楼,一律用水泥建筑。极雄伟之观。而顾客甚稀。问营业状况,则以大不振对。问营业既不振,何以有此大建筑?答:此是商民惨痛纪念。当事平以后,驻在之粤军,强迫拆屋放宽街道,强迫进筑一式骑楼。不如式者不给执照。时屋已拆,进退无路,则百计搜索借贷。地主力不胜,则由房客搜索借贷成之。商民实力既竭,建筑成而周转不灵。商业以此大不振云云。

(乙)参观保联小学　出建春门(小东门),从浮桥过贡江,参观赣县之第四区第二保联中心民众学校。见校长兼教员朱祥鏖。此保联所辖有九保,六千五百七十人。内男三千三百七十四,女三千一百九十六,壮丁一千一百七十五,学校儿童七百四十六。本保联原有三保学一私塾,现有五保学一私塾,学生共二百五十人。对学龄儿童占百分之三十三。本校学生六十一,教员一人,助手一人,月薪共廿八元。经费由教育厅月给三十四元四角,县给八元六角。每年县增给十分之一,十年完全归县接办。皆据朱君口述及册载。虽到时较早,未及观上课,然学生途遇教师,脱帽鞠躬,彬彬有礼,已见一斑。

(丙)参观赣县乡师　赣城西南郊,为省立赣县乡村师范学校实验区。校长钟有卫,招待参观。全校内部,师范教育尚感化,务力行。于试验区教管养卫,以一千余户五千余口做对象。工作均切实。稻、麦、棉、甘蔗、蔬菜、果树、花卉、林木,皆有试验。稻就中央稻作试验所发下百余种。试验结果,取良者发给各县。果树试种肥城桃,尤有成绩。甘蔗在南康产量甚多,惜未有机器制糖厂。皆据钟校长口述。确是一所理想的乡村师范学校。

(丁)一般参观　时间迫促,仅得一观省立女师范学校。校长谭友梅。学生二百人,毕业后皆有位置。集诸生演讲,介绍陈衡哲著《新生活与妇女运动》。省立赣县中学,校长周蔚生,任职廿三年,深得地方人士及一般青年信仰。余演讲《学生出路问题,责在政府与师长乎?责在自己乎?》。省立赣县中心小学,校长赖庆观。学生四百七十一人。兼全县视察。每学期会议政令实施方法。第四行政区小学师资训练所,见教训主任徐昌麟。训练期三个月。一部分常识,一部分学校及社会教育方法,一部分军训。赣南公立图书馆,馆长张儒贤。赣州公园,有自扬州移植之琼花,毁于兵火,仅存孤本。花色青白,每花细心结蕊,圆以小花八朵,精雅之至。临行在党政军各机关公团、学校、报社、银行公宴席上讲《在整个机构之下为劫后民众造福,为国家为民族努力复兴大任》。

赣城有中学五所,小学廿四所。全县小学近三百所。每保有保学委员会。保学费分户为甲乙丙丁四等,甲每月四角,乙两角,丙一角,丁免。此与保甲费同。收费多责之保学教师,于教课上,地方感情上不无影响。而教师人选亦大有问题。民廿五起改向田亩带征。与保甲、卫生、保安队各费同在附加之列,省令附税不得超过正税。但事实则否,故地价较前抑低一半。人民尤以强迫积谷为苦。皆地方人士云然。

(七)大庾

到赣县之次日,赴大庾。全城各机关各公团代表、各校学生列队来迎。车站规模之大,在我所见为第一。自赣州经大庾、南雄至韶关公路,为利通公司所筑,至民廿八始归公有。路商获利极厚,本金一元,年分息十数元。群众拥我入公共体育场公开演讲,讲《怎样尽国民责任?》。东山公园,在东山下。规模宏大,收拾精洁。图书馆在其中。旁有桥跨章江,桥之建筑费廿三万元。

(甲)地方概况　大庾县城人口十万山,多田少人,故生计较艰。矿砂时淤塞章江之源,酿为水患。市上行使毫洋,市价仅当大洋七折。

(乙)钨矿　大庾土产,钨为大宗。全球产钨总额每年一万余吨,中国占百分之七十以上。赣南所产,又占全国百分之五十以上。凡军舰之甲板、大炮之炮身、坦克车之外壳,皆需用钨。纯钨可以制电灯泡内之线丝、内燃机之接触点等。大庾产钨最盛之年,可得五万担。矿山大小不下七八处。工人常年平均约一万七八千人。其组织,少则三五人,多或至一二十人,合伙认股,择地采掘。所需工食、资本、设备等费,推较有信用者向商人要求垫给,所得矿砂,即按时值归商转售。矿工每月除伙食、茶、烟、医药、零用由商负担外,可得毫洋十元至十五元不等。工作每日约七小时,每月休息两日。

本县钨矿发现于民国六年。自民七至民廿,均由本城七公司自由买卖。每担值四十大元上下。民廿一归粤军统制。民廿五归资源委员会统制。县城及矿山均设事务所,直接向工采购。每担给法币廿四元至廿七元不等。所产锡砂,则仍自由买卖。矿工生活,民十六以前为最优厚。自归统制,价值无增涨之望,现时且被压小,挖掘亦渐感艰深,因之亏累弃却者不少。而附近矿山十里以内之田,被浊水砂石冲成沙坝,不能种植者,连阡累陌,人民失业者日多,皆地方之忧也。

(丙)省立大庾职业学校　校长张广鸿,招待参观,设有烛、皂、染三科,及初中简易化工科。年费一万七千余元。

(丁)游览大概　从大庾县城南望,远山一脉,此即大庾岭。岭上有大梅关,形势险要,国民革命军北伐,北军扎守于此,而不知别有小梅关。革命军早由彼通过矣。远望大梅关峰坳有两松矗立,余车出小梅关直扎两松之背,其地已属粤之南雄。山岭道院,名钟鼓岩。洞中有石,像钟像鼓。程明善题联:"天下名山僧占多,应留一二奇峰,楼吾道友。世间好语佛说尽,谁识五千妙论,出自先师。"旁有十姥亭、凤凰石、听松阁。(未完)

赣游闻见(二续)

此次游江西各县,共行公路一千九百零七公里,一部分在三年前游过,劫后元气恢复得很快。想到当局施政得努力与民族之富于生活力,同时还感到人民之痛苦犹未尽除。前已写过《江西归来》一篇,我尚准备写一本小册子,贡献于国人。兹先将所闻所见种种事实,像开个展览会似的,陈列起来。前两期所载为(一)总述(二)南昌(三)丰城(四)樟树(五)吉安(六)赣县(七)大庾。本期续前。

(八)临川

由赣县折回吉安,东北行,经八都、永丰、江口、潭港、戴坊墟,停车略观,村落少女犹有裹足者。过崇仁,下车进餐,与一童子军装之小学生谈,问年龄、学级,应对明白,问童子军意义,则不能答,然循循有礼貌,临别对我行敬礼。经上顿渡到临川。

（甲）地方概况　临川占赣东街要，辖八个区六十八个保联，七百二十三个保，八千二百一十八个甲。男二十三万三千四百十五人，女二十万三千四百八十九人，共四十三万六千九百零四人。

（乙）农村改进实验区　一到临川，立赴鹏溪。此地为县属第二区，定为临川县农村改进实验区，由江西省第七区行政督察专员公署主持，设有促进委员会，委员长以专员兼任，副委员长以县长兼任。下设主任、副主任，及教育、合作、农业、卫生、妇女各指导员。主任王贞木（朝模）导观公园，宜公亭，为专员周宜群（作孚）筑港竣工纪念。儿童园、养鸭、养蜂、保联办公室、妇女家事训练班，时已近暮，皆在从事手工艺。中心小学、民众夜校，全区共十三所。民众会场，可容六百人。设有妇女会，全区成立一百四十所，此所在会者百余人。担任检查全村整洁，每月两次。民众医院，每天就诊者数十人。产婆训练班，卫生所。实验农场，试验水稻，将佳种鄱阳早与土种西乡子并种，前者长四寸，每亩多二十斤。

就我所见：（一）村容整洁，道路沟渠皆修治。关于管教养卫，凡乡村生活所需，几于应有尽有。（二）所见民众，不论男女老幼，皆彬彬有礼。见来宾必鞠躬。白头村妇女织布，立停其机，食肆主人，方割肉，立停其刀，皆作笑容，行敬礼。此景象几于普遍。（三）该区患牛疫甚烈。村有牛医，呼“牛郎中”，包治牛疫，每头牛酬六圆，然无效。乃设耕牛保险社，每头保险额为十元（圆）至三十五圆，听牛主自认。包治牛疫。保险费取百分之五。如保十圆者，年纳五角。牛死，赔百分之七十。如保十圆者赔七圆。结果，投保者三百四十八头。保额共六千五百四十圆。保费收入共三百二十七圆。死者两头。

（丙）谈话及演讲　自参观鹏溪后，即赴南城、南丰、广昌、宁都。折回临川，周宜群专员、夏景岑县长（承纲）集各校长在县政府举行坐谈会，到者黄辉、何志鹏、刘佩瑜、易元爻、杨贯一、万振中、张凯、黄道休、冯见明、马慧卿、阙斯磐、胡政、吕德英、黄鉴铭、李菜、万克俊、余文达、杨湛、唐秋生、邵怀清、张道闻、王育仁、刘道焕等，提出青年思想问题、教育与生产问题，共同讨论之结果。第一问题，主张今后教育，以国难为中心，激励青年，使之练身，勤学,服务。第二问题,主张教育当局在政府整个的经济建设计划之下,训练青年,养成建设需要人才,使之适应。而尤要在德性、体格及常识等,从普通教育内,予以充分的基本训练,使之处常处变,无所不宜。譬之茶杯(指桌上茶杯为喻)制成何种式样,应视需要而定,然本质必使之精良坚固。集各校学生于省立临川中学演讲,先报告来意及行程。次令听众自由发问,有问职业学校课程者。余讲怎样挽救国难,须(一)人人将所有能力贡献于国家,(二)人人就本位努力,(三)人人受训练,参加组织。

(九) 南城

三年前曾来南城,观民众训练,一宿而行。此来所见,景象一变。周专员宜群告我:南城正附税每亩共四角或五角。农田种稻有一熟的,亦有两熟的。每亩收获,约五石(百斤为一石)。佃农纳租约一石余,剩下四之三,为劳者所得。全县人口十三万余,田七十余万亩,其中三之一荒废。因壮丁逃亡者固亦有之,因人民惰废者却亦不少。全省一律强令民间积谷,县仓每户积一石四升,乡镇仓每口积七升。周专员又言农村副业,至为重要。全年三百六十日中,农作之日,约仅一百六十日。除却风雨人事约五十日,余一百五十日,只宜以工补之,勿使惰废。南城乡村师范学校,以初中改建。设孔庙内。有初中三班,师范一班。参观毕,对学生演讲:天体与人体,天体运行无一刻停,人身血液亦无一刻停;真理告诉我,自强不息是生路,惰废是死路。

(十) 南丰

过南丰,就参观了江西教育厅所办特种教育实验区。

江西教育厅特种教育实验区,在南丰县为第五区。全区面积东西长五十余里。南北长七十余里。凡辖四十个保,五个保联,三百六十七个甲,三千九百四十一户,男七千四百五十八人,女七千六百三十七人。——女比男多一百七十九,大都是孀妇,——内壮丁二千五百九十人,湖南籍占其一部分。本区自民十六以来,时受扰。十九二十两年失陷三次。来兵去,去兵来,成拉锯式得蹂躏,杀人已不少。民廿五年六七月更惨,仅本区被杀,达五千人以上。

本区在民十九年前,人民颇能自给。出产以米为大宗,黄豆、红糖、红薯、粉丝、竹木次之。妇女多纺织。自遭蹂躏,壮丁稀少,生产锐减。山林竹木,焚伐殆尽。村舍东倒西歪,一片狼藉。民生凋敝已极。稍有资本,多高利贷,名“放秋壳”。即春荒时借贷,秋收偿还,每壳百片,仅值一元。廿五年六月统计熟田仅一万二千四百二十亩,荒田倒有五千七百亩之多。其主要原因为固属于壮丁减少,而属于惰废者亦有之。有人买地百余亩造林,每亩价值六角。

本区原有中等学校毕业者仅四人,高小毕业者仅二十余人。

试验区以民廿三年十一月开始工作。本区之入选,以其受祸最深故。两年之间,成立地方改进会四处,中山民众学校六所,内四所均设分班。计儿童班十二,成人班六,妇女班六,共二十四班。学生八有十二人,已毕业者三百四十七人。佐以特约农田,介绍优良种籽,农事比赛,造林运动。妇女纺织所,提倡家畜副业。设立保健所,门诊而外,举行流动诊疗。训练保健员,就各民校分设代诊所。佐以卫生运动会、婴孩健康比赛会。组织民众国卫团,组织合作社。现有联社一,农村保证责任合作社八,信用合作社二,社员一千二百零四人。设立小本贷款所。举行筑路运动、新生活运动、妇女天足运动,破除迷信运动。实施公民训练。

农村合作委员会民廿五放款于本区一万圆。惜至七月始放,已过农家需要之期。年底仅收回六千圆。强迫积谷之令,人民颇感痛苦。最近本区出绑票案两起。

本区经费廿五年预算一万二千七百三十二元。内事业费七千六百五十六元,余为薪资及办公费。总干事王钟琳。(未完)

赣游闻见(三续)

此次游江西各县,共行公路一千九百零七公里,一部分在三年前游过,劫后元气恢复得很快。想到当局施政的努力与民族之富于生活力,同时还感到人民之痛苦犹未尽除。前已写过《江西归来》一篇,我尚准备写一本小册子,贡献于国人。兹先将所闻所见种种事实,像开个展览会似的,陈列起来。前两期所载为(一)总述(二)南昌(三)丰城(四)樟树(五)吉安(六)赣县

(七)大庾(八)临川(九)南城(十)南丰,本期续前。

(十一) 广昌

民廿三年秋,广昌初收后,曾来参观,一片疮痍。此次过境,一切改观。请惠皞如县长承熙前往阵亡将士公墓行敬礼。从惠县长处得各种统计及报告如下:

广昌县面积一千九百六十八方公里。有二十保联,一百八十八保,一千七百八十四甲,一万一千零一十三户,八万八千三百一十四人。内男四万三千七百九十二,女四万五千六百零一。女比男多至一千八百零九。

更观其本区(第八区)邻县统计:

覃都 二七一、九七二人 内男一三五、四三二 女一三六、五四〇 女多于男一千一百〇八。

会昌 一五四、四〇四人 内男七六、四九九 女七七、九〇五 女多于男一千四百〇六。

雩都 二五四、七五〇人 内男一〇八、三九〇 女一四六、三六〇 女多于男三万七千九百七十。

仅右列四县女多于男并计,已达四万二千二百九十三。地方人士告我:此非女子加多,实是壮丁减少。此女浮于男之数,其中大都是孀妇,于民族生殖力之锐减,将不可以道里计。这问题多么严重呢!

本县田赋额征十五万八千一百九十八元。田赋附加,分为地方附加、保安附加、保甲附加三项,共一万五千二百三十八元。此为规定于地方岁入概算者。

本县陈列于汽车站各种土产之产量较多者,谷子早者年四万担,晚者三万担。麦子一千余担,黄豆三千余担,烟叶一百余担,毛边纸六百余担,茵陈一万余斤。泽泻八千斤,其特产之一为莲子。往年年产总值三四十万元,民廿五仅十余万元。

本县现有县立小学一,区中心小学四,保联中心小学一,在筹备中者十六,保立小学六十五,私立小学一,中心民众学校四,学龄儿童一万二千七百七十,已入学者四千二百三十,占百分之三十三强,皆据民廿五统计。

（十二）宁都

自南丰以上，沿途所见，一片荒凉，民居无一完整者。宁都更甚。入城街道已经修理，但市屋尚多颓废。参观民众夜校略演讲，省立乡村师范学校集学生演讲。从第八区行政督察专员兼宁都县长邵鸿基、商会主席连经邦、校长曾延华等谈话并见示文件中，得悉过去及现在概况如下：

宁都人口尚存廿七万余，乱前有三十五万以上。今仅四分三耳。第八区所辖七县——宁都、广昌、石城、瑞金、会昌、雩都、兴国，现存人口共一百二十八万零九百七十七。内男子六十一万六千七百零四。壮丁十九万二千四百九十五，壮丁对总人口仅得百分之十五。女子倒有六十六万四千二百七十三，较男子竟多四万七千五百六十九。

……

田既被分，其恢复法许能耕者耕之，但所有权仍属田主。先设善后工作人员训练所。令各县每乡选优秀青年二人，来所受训。教以土地处理及保甲保学各方法，三个月毕业，分派各县，组织各级农村复兴委员会。限四个月审查完成，两个月缮造田亩清册，按册开征。

当宁都收复时，晚稻已熟，人民死者死，逃者逃，无人收割，乃规定临时收割晚稻办法，耕者约十之三，收割者约十之四，业主得十之二，以其一为保甲办公费。军粮民食赖以维持。明春布告豁免钱粮一年，减租一年，人不准闲，田不准荒，各县土地耕种，现已回复至百分之九十五。

余所宿乡师，原系中学，校舍在当时，即系省苏维埃政府……皆曾校长言。余获见校旁红军所筑避飞机掷弹之隧道。

七县共查见田租二百二十多万担(每亩两担，每担一百斤)。每担征正税一角二分，共征廿四万余元，比乱前减十二万元。附税征百分之九十五。

余以邵专员曾校长之领导，获上翠微峰，原有易堂已毁，邵专员以二千余元重建之。旁有殉难士兵暨殉难民众纪念碑。

归途略观石上农村服务区，残破景象，全未恢复。

（十三）景德镇

从宁都折回临川，转至景德镇。此地民三曾来游，相距二十三年，当然大大不同了。景德镇为浮梁县治所在。惟一大宗产物为瓷。民十九镇被陷三次,原设陶务局停办,嗣后江西当局,锐意改进瓷业。至廿四年重设江西陶业管理局。

(甲)瓷业现况　陶业管理局成立后,先在本局试验改良,做一个示范。有愿改革者,为之设计,不收费用。同时下令革除陋俗。向例烧窑者,不准兼制瓷,匣钵厂不准自由买卖。五天可烧一窑者,须隔十天缠烧一窑。瓷器均置匣钵中,送入窑内。但窑内匣钵不准满置,烧坏须同样给酬。致坏者十之二三。烧工时向坯房索取"肉钱""日用钱"。工人制坯,立有限制。论件给酬,按日给食。出货少,给食多。凡此种种不合理之"窑禁"似为工人争利益,实则生产力日减,成本日昂。劳资双方,皆受损失。而此种禁令,却非工人本意,一班土豪之为工头者,以此压迫资方,同时复榨取劳方利益。普通工资每人每月约可得十元,年百二十元。工头须榨取三十元。此辈不劳而食,实为瓷业之蠹。陶业管理局会同第五区专员兼浮梁县长郑景福一律禁绝,犯者严惩。而同时准资方酌加劳方工资。于是产量大增,由百分之十二增至百分之二十。倒窑大减,从百分之二十已减至百分之五。民廿四(年)销额仅三百余万元,[民十七(年)计六百六十万]民廿五(年)增为八百余万。

阅陶业管理局廿五年统计,该镇瓷业户数二千二百六十九。工人数二万五千八百三十六。较廿四年增七千五百十二。生产额八百一十三万一千零三十五圆。此表系廿六年二月调制。

(乙)参观及演讲　先参观陶业管理局及其附设各部,次保学工作人员征训所,设在莲花塘,为全镇风景绝胜处。次陶业试验所补习科。次浮梁县立陶瓷职业学校,对学生来源出路及课程略有贡献。次县立第一厂前中心小学,集全镇各机关人员各学校师生于陶业管理局大堂公开演讲。(一)眼前两条大路,一是死路,一是生路。(二)死我者有形的枪炮,更有无形的枪炮。(三)五年来对外贸易入超数目之可惊。(四)江西本镇在全国的地位。(五)走生路在人,将能力贡献于国家,其理由及方法。(六)介绍刊物。(七)接受阳明学说,即知即行。

景德镇因瓷业复兴之故，市况亦恢复繁荣。观上述民廿五瓷业工人增七千五百余人，生产额增五百万圆，自然百业欣欣向荣了。吾以为如景德镇，才是经济建设之正轨，是民族复兴之初步。

四月十六日返南昌。（完）

（《国讯》1937年第165～168期）

24日　发表《江西归来》

江西归来

最近三星期内，从上海到江西，南昌省城以外，丰城、樟树镇、吉安、赣州、大庾、临川、南城、南丰、广昌、宁都、景德镇，都去游过。从南昌往返，走了三千八百多里。目的在观察江西遭了浩劫以后，如何痛定思痛，如何恢复元气，种种实况。当局正在讨论经济建设计划、职业教育计划，凡我所见，已向当局尽量贡献过了。

江西自民十七(年)以来，十年之间……景德镇我在二十年前游过。临川、南城、南丰、广昌，民二十三年游过。所谓浩劫，刀兵之惨以外，加上水旱之灾。民二十(年)为六十年来所仅见之水灾，二十一年又水，二十二年又水，二十三年夏季全省皆旱，二十四年又水，就是去年民二十五年总算遇到一个丰年。到现在居然看到地方秩序恢复，人心安定，元气渐渐地昭苏。我不能不想到我中华民族生活力之强，更不能不想到当局办理善后与刷新政治的努力。

从南丰以上，凡所目击，普通民房，尽是颓垣坏壁，无一屋完整。南城全县田七十余万亩，荒废着的三分之一。普通男子多于女子。但宁都县人口男子十三万五千四百多，女子倒有十三万六千五百多。广昌县男子四万五千多，女子倒有四万七千多。会昌县男子七万六千多，女子倒有七万七千多。雩都县男子十万零八千多，女子倒有十四万六千多。（据第八区行政督察区各县保甲户口统计表）。何以女子这样多呢？就为其中寡妇占了很大部分。“可怜无定河边骨，犹是春闺梦里人。”岂惟人道主义上成一问题，就从民族主义说，若不想出一个办法来，于人口藩殖上是在受到奇重的损失。

因为壮丁死亡逃散,所以寡妇和荒地都那么多。

走到宁都……分田分过四五次,故经界完全混乱。善后方法,许人民自由耕种,但所有权经证明后仍归原主。这都是地方上人告诉我的。

江西人民负担如何?吾检江西省金库二十一、二十二、二十三(年)共三年间收支报告,从收入之部,摘录其中取之于农于商于一半人民的。换言之,即由政府正式向人民征取的,如田赋、契税、营业税、船捐、公路盐附捐、整理土地专款、丁米屯附加团队费、出口米护照费、团队盐附捐等共十四项,每年结数以民二十四年年底保甲调查统计全省人口数一千五百六十九万零四百零三来除,即得江西平均每人负担数,二十一年五角四分,二十二年四角五分,二十三年五角五分。较之邻省湖北二十四年度平均每人负担地方税捐七角,(据中国统计学社湖北省统计提要第二十四业)尚轻得多。但地方摊派各款不在内。力役之征不在内。民众所感为繁重,乃在后二者而不在前者。原因在内尤以外,加上严重的外患,例如积壳,事由中央通令举办,中包重大意义,据述县仓每户须积一石四斗,乡仓每口须积七升。

江西初等教育,近年数量上的猛晋,或为外间所不甚注意,试以民二十年度为一百分,校数(五、一五〇),二十一年一百〇六分(五、四四九),二十二年一百一十五分(五、九〇〇),二十三年一百六十九分(八、六九九),二十四年三百分(一五、四三儿),学生数(二〇七、〇二九),二十一年一百零八分(二二三、六七五),二十二年一百十八分(二四四、五四五),二十三年一百八十九分(三九〇、七五〇),二十四年三百六十八分(七六一、八七八),四年之间,学校数加起三倍,学生数加起三倍半以上。不能不说是突飞的进步。原因是在加速度推进保学,即是以一保一学为原则。关于保学问题,我将别有论述。

江西公路干支线及县道已完成六千三百零六公里,须再延长到九千零零三公里,才是全部完成。但其长度较各省,已为首屈一指。用地除划免钱粮外,暂不发给现金。其工事大都征之于民。有力者自应征,无力者雇工以代。江西有今日的成绩,公路当然是一大贡献。但其价值不易使民众完全了解。

江西善后工作，先后设农村改进区。现已达二十来处，其中十区为全国经济委员会拨款举办。我在临川参观第七区专员公署所办鹏溪农村实验区，一入村中，男女老幼皆彬彬有礼。屠夫放刀，织女停梭，皆来行礼。妇女会分任检查全村清洁，一月检查两次。一切设施头头是道。尤可喜的，是耕牛保险。先是村患牛疫，牛死百分之六十以上。乃延兽医治疗，同时施行保险，养牛者如保过险，可以免费治疗。保险费每项从十元到三十五元，听牛主自认。每年收保险费百分之十五。如牛死，照额赔百分之七十。于是纷纷来保险。结果去年仅死一头。在吉安参观敦厚村服务区，在南丰参观特种教育实验区，管教养卫，都有办法。各得民众信仰。

赣南之赣州与赣东之景德镇，皆为大市，所见却成相反的现象。景德镇以产瓷器为大宗。而积弊甚深，改进甚难。自设陶业管理局，（一）去种种不合理的窑禁，如烧窑者不准做瓷，烧坏仍须给价，五天可烧一窑者定须十天烧一次，不准多烧，等等。（二）禁绝烧工向坯房种种需索，工头向工人种种需索。（三）允许自由买卖，以及窑式的改良、出品的示范，等等。不及三年，瓷业大进步，资方劳方俱获利益。每年产瓷前仅三百余万元，去年达八百余万元，市况顿现欣欣向荣气象。纷纷改建新屋。而赣州一入城市，但见街道两旁一律是三四层高的气楼（即沿街洋式大柱有深廊的，他们称气楼），极雄伟，极富丽，但日午做生意者寥寥。因问土人，答称此项建筑，都由驻赣粤军强迫而成。所有流动资金，都用之于伟大的建筑——在一千万元以上——因此资本无者，无从发展商业，市面不易恢复云云。

当局正在筹划大规模经济建设，以生产为中心，同时注重职业教育，施行分业训练，取名百业教育，在积极进行中。

省城更有一机关，贡献颇为切实，就是地政局。用航空测量法来测量土地，迅速而准确。南昌一县现已完成。正在续测新建等十县。参观其空中摄成的影片，已经整理的图稿、户领坵、坵领户的册籍，当得起“精详”二字，南昌一县用费四十万圆，工作纯熟后或可略省。大约以后每亩需费三角。

总观江西省政,从省主席以次,可云全部励精图治了。尤以当局虚怀求进的精神,预料若干年后必有更伟大的贡献。

四五年来,河南、陕西、浙江、四川各省均大略参观过。我对任何地方的建设计划,认为:(一)事业须择要,精神须集中。(二)公经济与私经济须双方兼顾。若专事发展公家经济,而同时不想到藏富于民,公经济愈发达,所包含危险性愈大。(三)机械与手工须兼顾。机械工业的必要,是不用说的。但我国社会尚在由农业初进于工业的时代。此过渡中间,若置民间绝大多数所托命的手工业而不予维持,坐使为机器打倒,而一时无法代替,未免断丧元气太甚,决非国家之福。

政治效能的增进,不外乎三个因素。除掉“人”和“政策”二者以外,就是机构。吾对于我国全部政治机构,认为有纵横三点,很值得吾人研究。属于纵者一点:今有甲、乙、丙、丁四级,因谋运用的便利,乙不惜直接指挥丁,因此使丙对丁失其指挥效用,甲不惜直接指挥丙,乃至直接指挥丁,因此使乙对丙、丙对丁皆失其指挥效用。其在人身,是为“脱骱”。属于横者两点:其一,今有地位同等之甲、乙、丙三部。甲实有需于乙也,而不谋之乙。乙实有需于丙也,而不谋之丙。甲之所为,实大有助于乙也,而乙不之知。乙之所为,实大有助于丙也,而丙不之知。于病为“痛”又其一,明明有甲矣,分甲之一部分,创为小甲,有乙矣,分乙之一部分,创为小乙,有丙矣,分丙之一部分,创为小丙,使甲乙丙自身职权不完全,使甲与小甲间,乙与小乙间,丙与小丙间,界限不分明,此其影响于政治效能甚大,而才与财之不经济,犹其小焉者。于病为“瘤”。凡此病态的组织,谋一时间灵活方便,未始非应急的一法,终望政治渐入轨道,便此种种病态完全消灭,恢复健康。

二十六年四月二十四日上海

(《国讯》1937 年第 162 期)

26 日　参加职教社提案审委会

[本报讯]中华职业教育社,以大会期延,(五月六日)收到提案,急须整理,特于昨日举行审查委员会,出席者邹秉文、王志莘、黄炎培、欧元怀、唐

英、胡端行、胡崇岩、潘文安、杨卫玉、何清儒等。江问渔主席报告收到议案三十八件，审查结果，分学校行政、补习教育及职业指导三类，保留者三案，补充办法者一案，修改主文者二案，复由该会名义提请大会讨论，下届大会地点为太原云。

（《申报》1937 年 4 月 27 日）

29 日　由中华职教社筹备社员大会推向文化实业各界接洽欢宴各省市代表事宜

［本报讯］中华职业教育社，将于五月六日起八日止举行十七届社员大会，主办十五届全国职业教育讨论会，江浙沪职业教育成绩展览会，已志前报。昨日已有贵州、北平、广西、江西等代表黄齐生、查良剑、张家瑶、蔡蔚挺等报到。参加成绩展览会者，有五十余单位，以江苏省为最多。昨日下午举行第四次筹备会，出席者胡叔异、马崇淦、徐公美、孙育才、江春溪、吴粹伦、王丰毅、黄警顽、钱申之、贾佛如、姚惠泉、褚霸寰、陆厚仁、王怀冰、杨拙夫、盛镇甫、施养勇、陶墨卿、杨崇皋、谢向之、陆伯羽、温崇禄、沈光烈、吴拭尘、郑文汉、吴宗文、杨盤铭、王介文、柳大经、端木禄曾等，由杨卫玉主席、施养勇纪录。先由主席等相继报告：（一）上届决议案办理情形；（二）成绩展览会筹备情形；（三）向各旅馆接洽优待情形；（四）向市府接洽参观及路局招待情形。旋决议：（一）成绩展览会预算不敷超出一百二十元准予增加；（二）车站迎接外埠社员备有小汽车；（三）特刊由编辑股徐公美、孙育才、汪春溪等负责定五月二日截稿；（四）参加游览计划大纲照徐公美、姚惠泉所拟之意见办理；（五）大会日程修正通过；（六）开幕典礼顺序修正通过，并推王性尧、林康侯、金润庠、陈济成、欧元怀、郑西谷、黄任之、潘仰尧诸君分别向文化实业各界接洽欢宴各省市代表事宜，至六时许散会。

（《申报》1937 年 4 月 30 日）

29 日　在青年会九楼欢宴美教育家孟禄博士

［本报讯］中国教育学会上海分会、中华职业教育社、中华儿童教育社、

中国教育建设社、中国特种教育协社、中华卫生教育研究会，昨晚八时，在青年会九楼欢宴美教育家孟禄博士，出席者有熊希龄、黄炎培、刘湛恩、欧元怀、江问渔、王裕凯、郑西谷、杨亮功、杜佐周、韦悫、章益、毛彦文等五十余人。由刘湛恩主席致欢迎词后，即由孟禄博士演说，略谓，第七届世界教育会议在东京举行，闻贵国方面有如伪满参加该会，则决不遣派代表出席之意，殊深惊异，盖华盛顿总会根本并未通知伪满参加、邀请代表出席。本人此次经日本时，亦未闻日政府通知伪满参加之说，故伪满始终无参加之可能。设或开会时，日本提议邀请伪满代表出席，本人当以主席资格，阻止提及此项问题，俟大会闭幕后，再为讨论。故根据此种情态，希望中国代表届时出席会议。此次美国代表共有八百余人，欧洲方面亦有二百余人，情况当必热烈。世界教育会议，已举行六次，惟在英举行之一次，贵国方面未有代表参加，使大会非常失望，深望以后每届均有代表出席，盖增进邦交联络感情，应先从私人方面发生好感。此次经东京时，日本教育界亦极盼中国方面有大批教育家莅日参观，日方当竭诚招待，本人拟下周赴京晋谒王教长，当将此意转达云。

(《申报》1937 年 4 月 30 日)

5 月

4 日　出席地方协会春季会员大会

[本报讯]本市地方协会于昨日下午六时在中汇大楼会所举行春季会员大会，到杜月笙、钱新之、王晓籁、庞京周、潘仰尧等五十余人，由会长杜月笙致开会词后，报告会务，后由黄任之报告赣省地方状况，兹分志如次：

[会长致词]

会长杜月笙致开会词云：本会春至大会，原定在三月底举行，刚好碰到春假，会员诸公多数离沪，所以展期至□[①]日补行开会，本会会员，现在一共二百四十一人，当初成立时，仅仅有八十余人，现在已增至三倍之多，人才集中在一起，本会的力量自然更加充实，此后会务将推进，全借本会同人的共同努力。本会性质，本来属地方范围，但是社会上有许多事情，初看起来很容易，或且同本会无关，但是一起研究起来，往往以某一区域的小小问题，会影响到别地方，或且某一部分的小小纠纷，会牵动到全局。上海是中外交通的中心、全国经济的中心，地位是非常重要的，所以本会工作，不能用地域来分，也不能以性质来分，我们大家认为必要的，比方如工潮问题、金融问题、国际问题，等等，所有处理应付，不能不详细斟酌，不能够太急进，也不能够太保守，要做到恰好的地位。希望本会诸公共同负责，共同努力，今天大会举行联欢，兄弟贡献意见，请大家共同研究。

[报告事项]

报告会务：(一)秘书处报告春季工作概要。(二)理事会报告通过新会员四十三人，连原有会员一百六十七人，专门会员二十七人，通讯会员四人，

---

① 此处原资料缺字。

合计二百四十一人。(三)理事会报告为由闸北至庙行无名英雄墓途径难辨,经会商得市工务局同意,沿西宝兴路至墓门路旁,竖立铁质指路牌并点费八十元。(四)理事会报告本会发起之高桥农村改进会,定办理三年后,交由地方人士接办,现将届满,适见报载俞代市长表示愿择适宜区域,划为地方自治实验区。本会根据此章,呈谓即划高桥为实验区,接办改进会事宜,现已接复。订本月七日,派员前往会商,经已商定,即派改进会总干事王换生君届日前往。(五)理事会报告援绥捐金纪念赠品券现已结束,计售出券价二万七千五百八十五元,委托益中行拍卖赠余物品,所得二千六百七十三元零三分,原捐人章荣初君收回一部分物品,作价一千二百六十元零五角,合共收入三万零五百十八元五角三分,各项开支计共三千八百零七元九角,两抵现存三万六千七百十元零六角三分,另有账单……(六)报告顾馨一君送到杂粮公会援绥捐款五千六百八十九元九角八分……(七)报告本会二十五年下半年决算。

[通过会员]

理事会报告通过新会员四十三人,计余华龙、吴凯声、楼兆念、蔡仁抱、奚玉书、王天培、徐菊棠、曾煦伯、王儒堂、任望南、章丽川、浦光声、张禹九、严庆祥、何析承、李大起、张仲平、胡厥文、陶桂林、刘聘三、胡梅庵、胡积安、张莲汀、舒新城、陆书臣、何裕泉、李润田、陈玉璋、张泳霓、王孝英、裴云卿、陆隐耕、张起飏、郑际镛、周学湘、邵虚白、陈日平、徐申如、贵郁华、陈祖光、谢秉衡、谢慕韩、陈鹤琴。

[决议各案]

(一)本会发行之二十五年编上海市统计早经出版,本年分应否继续举办案决议,继续办理;(二)本会委托中华慈幼协会代办之闸北平民教养院原定二年,去年七月底即届满期,嗣经理事会决定继续委托代办一年,转瞬又将届满,应否继续委托代办案,决议,推林康侯、黄任之两委员接洽;(三)二十五年全年决算已经编定,请推员审会案决议,推徐永祚会计师审查,末由黄任之氏报告赴江西考察经过。

(《申报》1937年5月5日)

4日 《空江集》在生活书店出版

[本报讯]生活书店新书

《空江集》 黄炎培著 四角五分

本书为著者汇集卅五年中所撰的作品集比而成。分文诗两部。文共十七篇,所涉范围甚广,关于政治、教育、家庭、婚姻及事务管理等问题,均各有所胪列,其中以《空江人语》及《飞绥记》两篇,为著者亲身游历后所作,尤为警策动人;前者叙述者天府之地,而发生吃人之惨剧,后者叙述百灵庙之告捷,与晋绥军民抗战之决心,对照读来,令人忧乐交并。诗共三十六首,于感慨伤怀之中,富有勖勉策励之意,荡气回肠,发人深省。

(《申报》1937年5月4日)

6日 写成《二十年来服务职业教育的回想》

二十年来服务职业教育的回想

当清光绪季年,任职浦东中学。第一班学生毕业,某生的父亲来校,对吾说:"吾的儿子毕业了。升学,吾力不够;做生意,珠算不熟,英语不够说,英文不够写,国文能写,但不很应用。请问先生该怎么办?"吾就把中学是普通的,毕业后不是预备进商界的这一套话来对付他。虽然如此,总不能不想到这种普通的中学,至少给某一类学生以毕业后走投无路的痛苦。

吾对当时学校制度的疑念,越积越深。到民国二年,就根据事实的要求,提出一种主张——实用主义的教育,发表了多少理论,列举了多少方法,要教育界同志们对他表示赞否,结果纷纷投函表示赞成。可是怀疑于旧制度而别寻出路的念头,虽一天一天明朗化、具体化,到底胸中还少成竹。

民国四年,公历一九一五年,游美国。因多年服务中学,特别注意中学教育。结果,参观了十八个中学,倒有十七个中学是农、工、商、师范、家事分科的。归途过旧金山,穆德博士邀我朝餐,问:"能以一句话概括说明君所见美国教育的特点么?"余答:"能,美国就是教育和生活之分离的。"穆德博士说:"很是很是。"从此吾脑海里留下不少职业性中学的印象。

民国六年,教育部资遣考察菲律宾教育。他们的教育制度,是根据一般学者最新的理想,就是尽力沟通学校和社会。他们全部的教育制度,是把职业教育做中心的。那时候,吾们已经联合了全国南北教育界实业界领袖,想发起中华职业教育社。在斐岛和郭秉文博士向华侨诸君演述,得他们实力的援助。归来,就在那年五月六日,在上海开会,宣告成立。

天下事,“难于图始”。古人的话是不错的。当时和社会接近的教育家,极端表示赞成职业教育。可是有一班学者,认教育的使命,何等重天!不应该仅仅拿来解决生活问题。更有一种不明世界大势,带几分迂腐气息的,还以为个人生活问题算什么一回事?若把天地万物所托命的教育,拿来做个人生活同题的工具,成什么话呢?所以在职业教育社初期,很是谤议,有的还笑吾们所倡是吃饭教育。可时吾们最初所下职业教育的定义:“用教育方法使人人获得生活的供给和乐趣,同时尽其对群的义务,称职业教育。”盖当时吾所认识的“职业”一名词,包含对已谋生与对群服务,实是一物两面。故职业教育,于整个的人生修养上乃至于国家观念、民族意识之培养上,不但毫无抵触,而且有很大的贡献。

请把那时候吾的人生观说一下:吾在青年时代,饱受外患的蹂躏,痛惧清政治的腐败。精神上是很奋激的、很不平和的。可是觉悟到干燥的奋激,没有什么用处,只有努力干。从先儒遗言上得到的教训,凡吾所知的,应是吾所干的。自从二十岁左右,读了《天演论》,早觉悟世界幸免,同时却笃信到努力一分,必可占取一分优胜的成分,减却一分劣败成分,真是佛经所说“福不唐捐”的。积这种种觉悟,以为一个国族的复兴,须有人从最高层用力,还须无数人从中层下层用力。而彼此所用之力,须相应的。我呢?很愿意在中下层用力,因为愿站在高层者多,而高层须要人数反少,中下层盖要反多,譬如坐船,大家趋向左舷,我须站在右舷,因为船的需要是平衡。失去了平衡,船立刻倾覆,结果惟有同归于尽。所以民国成立之初年,我就不愿服务中央教育行政,而愿任地方。到民国十年、十一年,我更谢却中枢教育行政的使命,而矢愿委身职业教育,因为并没有觉得在野的贡献为渺小,而且深信职业教育,实是整个国族生命上所急需,初不限于个人生计。即论个人生计,积起来亦已着实够大,够严重了。

虽然，职业教育在实际上是否真能解决个人生计问题呢？空言是不能引起人信仰的。自从民国六年成立了本社，那年就提议设立职业学校，当时很有人替本社担忧，说职业学校是很不好办的，办得不好，从此没有人信仰职业教育，连空言的地位都削光。说这话的人，倒是真实了解职业教育的。吾们下了大决心，情愿冒着危险来干一下，终于在民七下半年成立了中华职业学校。这一点就本社的立场，不能不感谢到职校初期顾萌亭、黄伯樵诸先生的卖力，而各方的热烈赞助，确也足以使吾人兴奋。当七年九月宣布募金创设职业学校，预计募足六万元，仅一个月，就募得六万六千七百余元。复因贾季英先生的绍介，南洋陈嘉庚先生慨捐本社每年二千元，五年，合一万元。当时内部的努力，沈信卿先生曾担任办事部临时主任，蒋梦麟先生担任总秘书兼《教育与职业》月刊总编辑。而聂云台、史量才、杨翼之、穆恕斋、藕初诸先生，或实力扶植，或精神鼓励。而尤可纪念，莫如宋汉章先生肯以银行债资格首先署名于中华职业学校所发行之先后五万元、十万元两次债券；王儒堂先生在他的国务总理任内，经国务会议通过，准许补助本社每月二千元，今江苏省政府陆续补助，后没有间断。此二十年间，真不知经过在朝、在野，海内、海外多少热心家的扶助，才得有今日。

自从中华职业学校章程宣布后，首先表示赞成的，是学生家属。很顾虑到青年自身，欢喜读书，不欢喜做工。不到几天，纷纷告退，不料工作却越做越高兴，参观者更络绎而来，当做一件教育界新闻。聂云台先生有湖南旅游职业学校的创设；徐静仁先生在他的当涂故乡，发起职业学校。实业界诸领袖拟创设棉铁工业学校，都委托我们设计。各省委托计划职业教育的，每年总有几起。所有计划书都披露在《教育与职业》月刊。于是就中华职业学校内先后附设职业教育养成科、职业师范科。民国九年三月，就本社设职业指导部，其后改设委员会，创制职业心理测验器，与各地中等学校当局合作，试行职业指导，与实业界合作，于民国十三年创设南京女子职业传习所；乃有许夫人投书捐赠奁田于本社，托为筹设镇江女子职业学校，阙后以冷御秋先生之力而成立。于是工商教育、女子职业教育，都获得实验机会，就是农村职业教育还没有着手。乃创以教育为中心的农村改进计划，宣布于十四年秋太原大会。经阎百川省长邀请,就晋南北各县计划,草案告成,格于兵事,不能开办。乃以十五年夏,就江苏昆山徐公桥组织农村改进实验区。所有学说的研究、工作的试验,根据多年经验,辑成实施职业教育要览一小册,作为本社结晶的贡献。此中又不知经多少教育家者、多少教育学的指导和赞助,才有这些的结果。

民国十六年,上海一度的纷扰。本社给暴徒打击,其间不绝如缕的生命,卒获延续以有今日,全恃杨卫玉先生之力。十七年五月二十六日偕卫玉先生及同事黄竹铭先生赴徐公桥,路经安亭,吃茶少息,谈到本社前途。那时候,吾正谢绝一切,作闭门读书计刘,感觉到本社中枢力量没有充实,卫玉、竹铭建议,请江问渔先生来主本社,时江先生才从河南教育厅长卸职归来,经董事会评议会和办事部全体同人极恳切、极坚决的敦请,慨允就职。从此又经过了江、杨二先生和在事同人十年间的努力,才得有蓬蓬勃勃的今天。

今天呢?世界战云,正在一步一步的展开。吾中华被破碎的河山、被蹂躏的国权,还没有回复完整。同人所辛苦二十年的中华职业教育社,惟有继续劳力,矢愿在国族复兴大方策之下,根据整个的经济建设计划,就自给的目的,来训练生产需要人才,就自卫的目的,来训练国防需要人才。"十年教训",愿更在三十周年纪念会中,一检讨本社所贡献的有无多少。

(《新闻报》1937年5月6日)

6~8日　参加中华职业教育社举行的第十七届社员大会、二十周年纪念会暨十五届全国职业教育讨论会

[本报讯]中华职业教育社,定本月六日起至八日止,举行第十七届社员大会、二十周年纪念会暨十五届全国职业教育讨论会,各项准备事宜业已告竣,六日各报并出版特刊,届时必有一番热烈盛况,兹分志各情如次:

[社员赴会须知]

(一)到达上海北火车站时,如有询问事件,可向本社临时招待处接洽(在中国旅行社办事处)。(二)决定住所后,请到法租界华龙路口本社注册处签到，并领取徽章及印刷品等。（三）大会闭幕式，准五月六日上午九时举行，兹将各项集会地点，开列于左：大会开幕礼，浦东大厦，爱多亚路成都路口；分组讨论会，本社社所，华龙路环龙路口；成绩展览会，中华职业学校，南市陆家浜迎勋路；大会闭幕礼，本社比乐堂华龙路环龙路口。（四）赴会之交通如左：开幕礼，（浦东同乡会）公共租界九路公共汽车，法租界二十一路公共汽车，成都路口下车便是，人力车自公共租界苏州河以南前往，约法币一角；本社、法租界一、二、三、四路电车，自法大马路上车，霞飞路华龙路下车，向南便是，公共租界雇人力车约小洋二角；中华职业学校，公共租界五路电车西门站下车，换乘向南开之华商电车及公共汽车迎勋路下车，往南便是，如于西门换乘人力车约铜元二十枚。

［本届大会日程］

五月六日上午九时至十二时，开幕式；（浦东大厦杜厅）中午十二时三十分，本社及中华职业学校等招待；（浦东大厦六楼）下午二时至五时，第一次大会；（本社比乐堂）下午五时三十分，文化团体招待（地点另约）。七日上午九时至十二时，分组会议；（本社四楼）中午十二时三十分，国货团体招待（地点另约）；下午二时至五时，继续分组会议；（本社四楼）下午六时三十分，中华铁工厂、中华珐琅厂（地点另约）。八日上午九时至十二时，第二次大会暨闭幕式；（本社比乐堂）中午十时三十分，各大书店招待（地点另约）。下午二时，参观成绩展览会，谒市政府；下午六时三十分，各公团招待（上海市商会）。

［各界招待顺序］

六日中午十二时，本社暨本社附设中华职业学校，上海职业指导所，第一、二、三、四职业补习学校，（地点）浦东大厦六楼，并开映本社事业电影。六日下午四时，市长招待茶话，（地点）市府大礼堂。六日下午七时，各大学联合会、中国文化建设协会、中华学艺社、上海市教育会、中国工程师学会分会、中等学校协进会、中等学校教职员联合会、新中国建设学会、上海建筑协会等，（地点）拟八仙桥青年会九楼。九日中午十二时，中华国货产销协会、上海械制国货工厂联合会、上海国货工厂联合会、中华工业国外贸易协会、上海市民提倡国货会、上海制药业公会、全国制药业工会、上海国货维持会、上海市国货运动联合会、正谊社等,(地点)南京路大陆商场六楼正谊社。七日下午五时,本社董事长钱新之先生招待茶话,(地点)国际大饭店。七日下午,中华铁工厂、中华珐琅厂、(地点)福州路跑马厅中央餐社。八日中午十二时,商务印书馆、中华书局、世界书局、大东书局、开明书店、正中书局,(地点)福州路一家春。八日下午七时,上海市商会、银行公会、钱业公会、航业公会、全国商会联合会、中华工业总联合会、上海市地方协会,(地点)邓脱摩饭店。

[大会职员一览]

主席团蔡孑民、钱新之、潘公展、顾荫亭、穆藕初、黄任之、王云五、刘湛恩、欧元怀。提案审查委员会江问渔、(主席)何炳松、欧元怀、钟道赞、刘湛恩、章益、郑秉文、章之汶、胡端行、唐英、廖世承、黄炎培、庄泽宜、王志莘、潘序伦、潘文安、何清儒、杨鄂联。筹备委员会杨卫玉(主任),总务股施义勇,文书组徐孟容、杨盘铭、甘叔均、朱棣华,会计组陶墨卿、徐孟容,庶务组温崇禄、周绥和、王志远、朱夏声、王位天,注册组金文鳌、王介文,招待股程石生、黄警顽,交际组杨崇皋、赵侣青、王礼谷、吴谷声、陆镐周、吴拭尘、吴宗文、高芝生,交通组褚耀寰、贾观鑫、祝唯一、陈允熙,供应组谢白之、钱申之、梁忠源,宣传股马崇淦、胡叔异,编辑组徐公美、孙育才、汪春溪、赵一苇,新闻组姚惠泉、张雪澄、沈光烈、柳大经,会议股王怀冰、吴粹伦,纪录组陆伯羽、陆厚仁,整理组郑文汉、王印佛、端木禄增。除左列诸君外,尚有该社附设商学团诸君及中华职业学校高级同学襄助。

[职教成绩展览]

职业教育成绩展览会筹备处主任贾佛如,设计股陆厚仁,股员秦春芳、翁六雄、杨濂州、龚恩孝。收发股王怀冰,股员章庭柯、陈湧涛。保管布置股高士光、陈瑛民,股员翁六雄、王品端、龚敏达、范泽生、陶惠中、张英阁、陈善林、彭若谷、黄桂生、陈穗九、储引真、徐棘中、曹木兰、任开钧、蒋子展、蔡饮和、潘勤孟、沈方涵、黄锡祺、陆尔强、陆修铭、孙学龄、盛镇祥、秦尧卿、王进生、周荔侬、孙多项、陈焕文、张惠洪、葛朗轩、葛纬丞、蒋铭新、顾映川,以上布置股。郭庆九、陈穗九、杨濂州、张锡池、姚曙融、潘景仁、张祉彝、陆修铭,以上保管股。招待股杨拙夫,股员贾季英、姜文宝、徐敬仁、王咏仁、陈聘伊、杨锦堂、张石芳、龚静垣等。事务股盛镇甫，股员秦春芳、朱品三、张其奎、陈水昌、余焕模、蒋邦垣。

（《申报》1937年5月4日）

［本报讯］本月六日中华职业教育社召集第十七届社员大会于上海，同时举行全国职业教育讨论第十五届年会，荷蒙中央派陈部长致训，主席书赐训辞，院长远赐训电，部长既赐训电复派顾司长代表到会致训，指示勖勉，恳挚周详，在会同人，万分感纫。开幕之日，适为职教社立社二十周年纪念之辰，到会会员追溯既往，策励将来，群情益形兴奋。报告讨论，历时三日，所有议案，均于末次大会分别结束。兹值闭幕，谨撮录会员公意，披沥奉陈，敬乞钧鉴，并希酌予采择。方今经济建设，各方正在积极进行，因此需要各级经济建设人才，亦复至殷曰切。自今以往，所有职业学校教育，自应一依社会之需求，谋为合理之适应，深愿政府再行切实申令，务使彻底实行教建合作办法，以期教人有道、任事有人、教育职业、两方交利，此其一。职业教育，原不止职业学校一方，所有职工补习短期训练，均属异常重要，此不仅用以补职业学校教育之不逮也。而欲谋小学中学毕业青年有相当出路，实惟此是赖，且不仅用以解除教育自身之困难也，而一般旧职业之改进，新职业之创造，亦复恃此以为之助，在会同人极端盼望。凡合于社会需要之旧有职业，能充实设备，改善内容，同时并盼望政府再申明令，责成各职校兼任职业补习教育之推行，且兼任一切短期之职工训练工作。昔时学校，或因闭门施教，不与社会沟通，因失其道，近时建设机关，训练人员，不关教育行政，亦非其宜。深愿各级政府能合全局以统筹，既须权界荆清，更须协力合作。其最近理想之办法，则各省市各有公立规模较大，设科较多、设备较完、办理较善之职校数所，除经常培养正式中初级职业人才外，所有各种临时职工训练，则一依政府之支配，供建设之需求，随时遵办。若经费稍宽，并可特设专部，担任研究编辑，以助一省一市各种职业教育之发展，此虽难于一时办到，但不妨悬格以企，此其二。至若职业教育须与职业界联络，此自是真确不易之理，惟学校不免狃于旧习，或且以人员不敷，致未能与职业社会尽周旋之能

事,而内地职业界,闻有未尽明了教育之效,不肯采新法、不肯用新人,亦为事实,惟有切盼政府明示职业学校以办理教育之方针,并令工商团体以重视教育之必要,俾观念之变迁,谋心理之建设,而其能执沟通学校社会之机枢,并负指导青年职业之重任,则更有职业指导之特置机关在,切盼地方政府能在最短期内,设立各地职业指导所,此项机关辅助职业教育之推行,阙力实至伟大,此其三。职业学校教育,职业补习教育,职业指导事业,既应社会需要,而日益发展,势必大量养成职业教育之教师、导师,方足以供其任用,今者,各方已感觉职业学校教员之缺乏矣,将来职业补教,普遍推行,职业指导,各处设所,则需要此项人才,当益众,需才孔亟储之宜豫,深愿政府早定计划,从速养成,此事所关实非细故,此其四。以上四项,似均为目前推广职业教育之要图,明知政府已经多方筹划,分别施行,但既为公共意见,仍愿一陈其志,在会同人,誓愿在政府领导之下,遵照国家整个政策,努力将事,以期望完成国民天职,稍尽救国大任,刍荛之见,是否有当,伏希鉴察。倘蒙采纳,曷胜大幸运,中华职业教育社第十七届社员大会、全国职业教育讨论会第十五届年会主席团钱永铭、蔡元培、潘公展、顾树森、穆藕初、黄炎培、王云五、刘湛恩、欧元怀暨全体会员五百零三人敬叩。庚。

(《申报》1937 年 5 月 9 日)

9 日　当选商务印书馆董事会监察人

午后赴宁波同乡会主持商务印书馆股东年会。王云五报告 1936 年度营业概况及结算情形;监察人马寅初报告一切账目均经查核无误。经由张元济将董事会提案三项(一、盈余分配案;二、恢复股本五百万元案;三、修改公司章程案)提交大会讨论。逐项表决通过。张元济发言云:“刚才董事会提的恢复股份为五百万元案已经通过,公司像是已经恢复到与‘一·二八’以前一样,其实不然。资本虽然恢复五百万元,而资产比‘一·二八’以前还差得很远。前日听到一位股东说的,譬如一个人,以前穿了破烂的衣服,现在勉强穿一件整齐的衣服,其他家具陈设还破烂得很。闸北总厂原址只修理了一小部分,其余还都是断瓦颓垣,仅存墙架。所以恢复股份虽然可以乐观,但是将来的营业很为难。我们仍要求股东及董事等继续合作。去年公司各方面的情形很为难,而盈余还能增加,可以复股,也是由于总经理、经理、协理及全体同人共同努力的结果。本席特地代表诸位股东向王先生、李先生、夏先生和全体同人道谢。”最后照章选举新一届董事会成员。王云五、高凤池、李拔可、夏鹏、张元济、刘湛恩、蔡元培、鲍庆林、徐善祥、徐寄庼、丁榕、陈光甫、李伯嘉等 13 人当选董事,马寅初、黄炎培、杨端六当选监察人。

(《张元济年谱长编》,第 1055～1056 页)

9 日　出席中华职教社农村工作人员谈话会

1933 年,中华职教社创设农学团于漕河泾,毕业生多介绍去边疆各地服务,颇著成效。是日,由职教社农村服务部召集农村工作人员谈话会,应邀出席并训话。

(《黄炎培年谱》,第 119 页)

11 日　允任上海文献展览会名誉理事

名誉会长俞鸿钧,名誉副会长钮永建、潘公展、柳亚子,会长叶恭绰,副会长沈恩孚、陈陶遗、秦观畦,名誉理事马相伯、蔡元培、王震、黄炎培、张元济、杜月笙、王晓籁、张寿镛、董康、胡朴安等 75 人,理事穆藕初、李拔可等 106 人。

(《张元济年谱长编》,第 1058 页)

17 日　推荐《服务与人生》

[本报讯]商务印书馆本日初版新书

……

黄炎培先生选定　赵宗预先生编著　《服务与人生》

▲黄先生对于本书之介绍

一、本书理解明析,材料丰富,足使读者开拓思路,感发兴味。

二、本书纯采积极主义。如命运说,主张造命造运;悲观乐观两说,各加以相当纠正;奋斗说,导之使以征服自然,改进人为做对象;而于人生归宿说,死的真义,归纳到死而不死,亦见圆澈。

三、人生修养之说,容易流为个人主族,于现时我国亟须提倡之国家观念,民族意识每多忽略。本书加入救国与救己章,提出自教教人,自养养人,自卫卫人,末主救己与救国并重,亦甚平允。

定价五角。自本月十五日起特价三角五分,国内邮费二分半。商务印书馆发行。

(《申报》1937年6月2日)

20日　出席浦东同乡会第六十次理监事会联合会

穆藕初主席,讨论通过与旅沪各同乡会联名呈请外交部交涉撤废领事裁判权,召开第五届征求会员大会,聘请杜、穆、黄、沈、吕五常务理事等为征求会员筹备委员会等事宜。

(《穆藕初先生年谱》,第595页)

22日　在中华职业教育社举行学术演讲《整个与各个》

[本报讯]中华职业教育社学术演讲,于每星期六下午四时半举行,本星期六由黄炎培主讲,课题为"整个与各个",届时必有独到之见发挥。下星期六起,继续星期,以服务与人生为中心讲题,分请江问渔、潘仰尧、赵霭吴三君先后主讲。

(《申报》1937年5月22日)

23日　作《多数与整个》

为《大公报》的"星期论文"作一文,题曰《多数与整个》;换一题目为《今后两大趋势》,载于《国讯》第165期。

(《黄炎培年谱》,第119页)

录全文如下:

多数与整个

一个月来，有大学，有公团，有银行，先后举行二十周年、三十周年纪念，与其纪念过去，无宁策励将来，我沈沈地想着。三五年来，每年分一部时间，走各省区，所闻所见，健康的少，痛苦的多。现在既这样了，今后将怎样呢？我又沈沈地想着。看到全国，摆在吾人眼前的，乐观之中有悲观，悲观之中有乐观，与其评骘现在，无宁从未来方面推测一下，我又沈沈地想着。

左思右想的结果，发见今后很明显地两大趋势。将以切合于这两大趋势与否，来定前途成和败的标准。

其一，凡着眼在大多数方面的福利者胜，否则败。中国人口，通称四万万。一部二十五史，每一时期，真在那里活动着的，至多不过几十百人。其余不是跟人家跑，便独自躺着睡。世界进化，活动人数，活动范围，一步一步扩大。恍惚从前演的是独脚戏，现在虽没有全班出马，然登台的演员，已日渐加多。甚至观众加入插科，有类于蜀剧的帮腔。从前少数人宰制全社会，势力属少数人。今后活动者多，势力将属于大众。

势力属于大众，这句话未免太早些罢？不。须知非大众夺取势力，是少数人很自然地会把势力让给大众。因为从前战争，是兵与兵相战，是少数人驱多数人作战。今后是民自为战，是兵和民混合着作战。若是一方兵和民混合着作战，一方兵被迫作战，而民袖手作壁上观，谁胜？谁负？还待问么？所以中山先生遗嘱主张唤起民众，共同奋斗。而在事实上民国与满清遇，满清败。因民国有民，满清无民故。护国军与袁世凯遇，袁世凯败。因护国军有民，袁世凯无民故。而国民革命军与北方军阀遇，北方军阀败。因国民革命军有民，北方军阀无民故……

不幸而发生国难问题。在“挽救国难”这口号之下，取民之财或不以其有余，用民之力或不以其闲隙，有为之解释者，说：体恤了百姓，便无法保存国家，救了民便救不了国，就救国不救民罢！此意错了，如果“日讨国人而申儆之”，到不得已时，积长期申儆的功夫，休说牺牲民财、民力，乃至牺牲民命，犹将无怨。但在平时体恤一分人情，即保存一分元气。今日多加一分体恤，即他日多获一分牺牲，而国家的生命，亦即因此多得一分保障。反是，既无体恤的诚意,又无申儆的良法,惟有驱他们做汉奸罢了。即使人人爱国,不肯做汉奸,在国家的立场下,每一个百姓,都是国家关于生产的一个工具,到民财与民力两竭时,工具破坏,更谁为国家生产者?

在各种取民制度下,最宜注意者,是对于一般人民生活必需品的课税。例如盐税,凡我所到处,人民莫不感觉食贵盐之苦。最近报载又有改用市斤提高税率之说,此事万万希望不确。忠于谋国者,不忍见民之诅咒其圄,必以舍盐而另筹款而是。

本报四川特讯,(本月二十一日)"灾民多至二三千万,食及泥土。其不能久耐,为势所必至。且强派鸦片与强验地契,各地仍雷厉风行,各县各乡被押被扣者,动以数十百人计。"记者去岁游川,川民之惨,详见拙著《蜀道》。不必问民众,就专员县长口述,筑路征工征粮的苦,已足使人悲欢。我希望,我料想,今后各省区贤明的当局,在这"饥者易为食"的时候,谁最爱惜百姓?谁最能培养国本?民命国命皆将寄托于彼。若长此不变,岂惟殃民,直将祸国。惟有同归于尽罢了。

任何事业,皆将以其对于大多数的贡献,谁多谁少,定其成绩之严重。例如银行,今皆知以服务公众为目的了。今后定将看服务谁最广,享利益者谁最普,认为成功谁最大。农村复兴问题之一致引为重要,因其关系大多数福利故。合作社制度之所以风行全国,因其用意,在制止少数人榨取利益,而公之于大多数故。可惜合作社虽偏全国,真有富于合作本意者尚少。

其二,凡能构成整个力量者胜,否则败。造化小儿一天一天在把东一群西一群人用他的技巧来揉合着。第一只英国轮船从大西洋航行到纽约,在一千八百三十八年,到现今不过九十九年。现今呢,轮船之外有火车,有汽车,有飞机。其通消息,有电报,有无线电报,有电话,有无线电话。再经若干时间,也许无线电机挂在耳边,可以自由收音,挂在嘴边,可以自由播音。飞机的两翼插在身边,可以自由航行。世界不晓得缩小到什么地步。就在现时,国际合作事业,一天多一天,国际合作团体,一天多一天,虽因杀人科学的权威,今后战争的规模特别来得大,不敢不避战,不敢不备战,一方备战,一方避战的结果,怕到底免不了一战。可是世界总有一天,会把全球十九万万人,归纳在一个组织之下,会把世界全部人类社会,完完全全构成整个的力量，这实在是人类进化过程中自然的趋势，必经的阶段，我所敢断言的。

欲适应全部人类社会构成整个力量的要求，须先构成局部的整个力量。于是民族主义发生了。我所认识人类进化过程中的民族主义，他的意义，就是一民族整个力量的构成越健全，其促进全部人类构成整个力量越迅速。而因每一民族都在构成他们整个力量，有无力者，恰如孤卵夹处众石中，不会有侥幸生存的希望。

反观我中华，自甲午以来，无日不在孤卵众石的形势之下。而其终于为卵，不能为石，则以其无日不在内力相销的局势之下。直至民国二十五年，两广绥远，西安三大事件发生，自政府以至民众，凡所表示，一变离心而为向心。而外人之觇国者，远称为统一局势业已完成，吾人在不自信、不自满之际，当如何珍惜，如何维护此百年以来最有希望的政局呢？

欲构成中华全民族整个力量，必须中华每一个人民，把他所有力量，不许有一些私藏着，不许有一些浪费着，完全贡献给民族生存最需要、最迫切的工作上。必须中华每一个省区，在中央整个计划之下，努力于开发生产以增进物力，训练民众以团结人力，中央集众力的大成，在振刷精神、调整工作以外，尤须特别着眼一大事，即进人治于法治。借人治之力，造成一条轨道，或推或挽，一齐向这轨道上行走。虽人治制度下的推或挽，一齐向这轨道上行走。虽人治制度下的“人”，亦莫能出此轨道之外。轨道上行走，成了习惯，恍惚离开了轨道，便一步不能行。一部大历史，任何段落，苟其较可称述，其始必由人治，后来局势的稳固，生命的绵续，则无不以法治。若构成整个力量而建筑在人治之下，直不啻把他所辛苦构成者，与人治制度下的“人”同其生命罢了。如何能认为业已完足构成整个力量的使命呢？

在构成整个力量的工作过程中，最大的、惟一的敌人，就是一个“私”字。所谓人治，即借法之力，来扑灭这敌人。我终祝望人们，靠他们的聪明，自动地把这“私”字收藏起来，扯破了他，则无论其始人治，其终法治，在走上构成整个力量的程途中，定将事半而功倍。

岂惟国家，乃至个人，乃至任何方式，任何目标的集团，苟有生命的，将莫不以其整个力量的构成与否，定他生命的长度。

从最大多数的福利上着眼,从构成整个力量上着手。这就是从个人以至集团,为延续他生命最切要的两大工作,谁完成这工作,谁成功,成功且永久。

廿六,五、廿二

(《国讯》1937年第165期)

26日　辞任中国国货联营公司官股监察人职务

[本报讯]最近扶轮社举行周会,席间由美国商务随员亚诺尔特 Julean Arnold 演说,为了齐巧在中美贸易周期内,他所说的都是有关中美贸易的问题。他在演说词中更告诉我们一个有趣味的故事,而这个故事更大促使我们感慨系之的。

据说当芝加哥举行百年进步博会的时候,有一个百货商店的代表,偶然走到中国陈列馆,发现了福建漆制的小香烟盒,巧小玲珑,非常好看,当然定购了二十万只,重新又定了二十万只,限六个月内交货,可是电报拍到福建,那边已没有一只的存货,更没有负责的机关拍发回电。

这个故事已明白地告诉我们,手工艺出品大量生产是不可能的,但最大的缺点在没有负责的机关,负产销之责,以致坐失良机,不无使人深为惋惜之处。诸如此类的事情,恐怕不限香烟盒,其他的出品也未始没有遇到此种事情的。因此我们不要把手工艺出品推销到海外则已,要想推销到海外事前就不能不有相当规划。

全国手工艺展览最近齐巧在南京举行,各省的第一流手工艺出品都齐集在这个展览会中,因此笔者要根据这个故事,向当局提供一些意见:在手工艺出品之中,我们应得注意到那几种可以向海外市场推销的,已经在海外推销的应得注意到产销的状况,品质的提高,售价的合理,使其至少限度,勿失去已经获得的市场;没有在海外推销过的,应当想到怎样可使其在海外推销。

但主要的一点,除了提高物质,订定合理售价之外,便是要有负责的机关。我们知道手工艺出品都由劳苦大众手制,是散漫而没有组织的,非但不能大量生产,有了大量需要,供应方面也是很难,所以先得要有如商会之类的负责机关,调查当地的生产状况,并向海外推销,在有计划、有系统之下,随时确定产销的方案，这样海外市场有了发展，便可鼓励大众多多生产，以应需求。不致有了主顾，缺货供应。并随时使手工艺者注意到物质方面要在标准以上，切勿粗制滥造，免使失去获得的海外市场。这些当然是把手工艺出品推销海外的先决问题。

［一周闻之国货界］

国民经建总会主办之全国手工艺展览会，于五月二十日开幕，实业部长吴鼎昌致开会词，国货界陈蝶仙、项康原、李祖虞、潘仰尧等到会参观并演说。

首都国货公司股款三十万元，国货联营公司认定半数，均已足额，六月十日开创立会。

中国国货联营公司官股监察人黄炎培辞职，由经建总会改推黄旭初为官股监察人。

中华工业国外贸易协会主办之新加坡国货陈列馆，设在星洲中国银行二楼，聘侨商陈岳书为馆长。

美国拜乐福泼大学，设中国特产陈列馆，陈列我国国产，已由中华工业国外贸易协会征集就绪，运美陈列。

上海市政府工业展览会，定七月七日开幕，分机制品展览、手工艺品展览、工业安全展览三大部分。

澳洲侨商骆介子等发起于澳洲一百五十周年纪念时，举办国货展览会，已托中华工业国货会征品。

（《申报》1937年5月26日）

27日　收到杜月笙修塘计划复函

杜月笙复函穆藕初与沈梦莲、黄炎培、吕岳泉，同意修塘计划，又谢辞为其五十贺寿。函云："顷奉惠翰，敬悉种切，浦东滨海地方，农田全恃塘为保障，自古如斯。诸公热心公益，殷殷以修塘为当今之急务，根本救患，诚为善策。卓识远见，且钦且佩。鄙人随诸君子之后，亦当尽力襄助也。至于鄙人五十虚度，岁月蹉跎，寡过未能，何敢言寿。盛意关垂，谨铭心版。想诸公爱人以德，必能俯鉴愚忱，加以曲谅。同会诸友，并祈代达鄙意，善为我辞。是所感祷。"

（《浦东同乡会档案》，引自《穆藕初年谱长编》，第1136页）

6 月

1日　收到杜月笙复函

［本报讯］浦东同乡会常务理事穆藕初、黄任之、沈梦莲、吕岳泉等前曾联名，函请该会主席理事杜月笙，顺从公意，移祝嘏之资，修建沿海石塘一节，已志前报。兹悉，杜氏已有复函，表示歉意，兹录原函云：顷奉惠翰，敬悉种切。浦东滨海地方，农田全恃塘为保障，自古如斯。诸公热心公益，殷殷以修塘为当今之急务，根本救患，诚为善策，卓识远见，且钦且佩。鄙人随诸君子之后，亦当尽力相助也。至于鄙人五十虚度，岁月蹉跎，寡过未能，何敢言寿！盛意关垂，谨铭心版。想诸公爱人以德，必能俯鉴愚忱，加以曲谅。同会诸友，并祈代寿鄙意，善为我乱，是所感祷。专肃奉复，兼鸣谢悃。敬颂台绥。弟杜镛。

（《申报》1937 年 6 月 1 日）

1日　在播音节目中演讲《替老百姓说几句话》

［本报讯］铁蹄下，强寇入境任摧残，重重压迫实难堪。强权竟把公理灭，大好神州到这般。华夏健儿人多少，立志救国在今番。急中急，难中难。以身许国志不悔，沙场赴义笑一回。为公理，为和平，百战百胜立功伟。我们是头可断，志不移，不杀敌，誓不回。愿将头颅为国捐，岂怕敌人枪与炮。从今后，卧薪尝胆学前贤，长期抵抗须团结。切不可，三心两意去复还。可晓得，国破家亡身何在，玉石俱焚苦难堪。劝诸君爱家先爱国，保全寸土第一关，安居乐业人人喜。到那时，天下为公自由谈，世家和平国运来。

……

一九·○○　名人演讲(黄炎培先生:《替老百姓说几句话》)

(《申报》1937年6月1日)

6日　发表《赣游草》

黄炎培先生此次为考察江西百业教育游赣,经南昌、丰城、樟树、吉安、赣州、大庾、临川、宁都、景德镇,共行公路一千九百零七公里,诚壮游也。承黄先生寄赠《赣游草》诗多首,兹摘录其中西江八首在本刊发表。——编者

赣游草

人去西江水自流,从今卖剑买村牛。
伤心劫火青樟树,倾耳春弦白鹭洲。
敦厚嘉名拟诗国,吉安雄买长神州。
莫谈十七年前事,百变云衣眼底收。

南昌吉安间。过丰城见赶墟耕牛买卖……省立吉安中学在白鹭洲,全国经济委员会所办吉安农村服务区名敦厚村,第三区刘专员振群民八会三五四运动。

八景城楼二水交,忧孤一院俯西郊。
早传一叟黄垆恨,苦说千家赤舌烧。
此去滩名记惶恐,何来海市入萧条。
琼花孤本空垂泪,珍重园丁禁野樵。

赣县。县城北为章、贡二水合流处,八景楼枕其上,弯孤台在西城,最早所识赣州友人刘宇珊作古久矣。赣州以下有十八滩最险处名惶恐滩,后强迫商民改建市楼极伟大之观而资金已竭,市况难复。赣州公园从扬州移植琼花,色青白,每花细心结蕊,团以小花八朵毁于兵火,现仅存新植之一株。

江从绝徼探源远,山为神州拱卫严。
古洞蜕真虚石座,危松植界挺峰尖。
千崖渥赭光腾宝,一路浓葩景入炎。
两戒于今归一统,梅枝南北更何嫌。

大庾岭。大庾有水为章江之源。钟鼓岩有洞,洞中有修道石座,大梅关

顶赣粤于此分界,有二松挺立为界。山崖作赤色,钨锡皆产此,植物作浓绿色。

名区布政迓新辅,光照临川笔底秋。
攀桂有灵争梦鹿,添萧无恙试呼牛。
沧浪胜地杭三熟,湖海交情茗一瓯。
教得鹏溪敦礼让,机声锄影尽和柔。

临川。邑有攀桂峰,中秋人民争睡峰下,祈梦里一时之盛,鹏溪农村实验区民众彬彬有礼。牛有患疫为之治疗,自办耕牛保险,牛命以全。主持此区者正贞木县长、夏景岑专员、周宜群皆廿三年前老友,三年前邂逅于茶肆。

小别南城景物非,渐芟荆棘长芳菲。
终怜白骨春闺梦,坐废青苗绣壤肥。
惨淡土花郊拾镞,荒凉灯蕊巷鸣机。
盱江何处迎帆影,草长王孙归未归。

南城宁都间。南城以上,壮丁大半死亡,致多嫠妇多荒地,宁都一带土产夏布乱前年额一百余万元,今仅四万余圆。

宁都卅里望金精,拔地奇峰削不成。
一线天开容俯入,千寻壁立试攀行。
脚无插处身嫌赘,首一回时骨亦惊。
五十武夫半回驾,翻教文士肯轻生。

翠微峰。峰为宁都,西北金精峰之一部,前年军官参观团来此,不能上者半数。

戱戱九子易堂开,胜地于今付劫灰。
四面寇洒无路下,二年望断有援来。
兹山同命青千古,尔骨谁收白一堆。
民族精魂惟此寄,临危不苟掬余哀。

翠微峰二。峰旧有易堂,明末魏叔子禧等九人避乱讲学于此,称易堂九子。民二十廿一年间,不肯从者,纷纷避登峰顶,以其绝险可守也,卒以尽量援绝歼为。峰顶有新建抗民众殉难纪念碑,特登峰致敬。

微闻金碗出人间，花样新翻古色斑。

一水莲塘满生意，廿年蓬巷化雄关。

浮梁三月茶边客，破钵千家屋外山。

犹有残荇戒行旅，征军乍溅血花殷。

景德镇。廿三年前尝游此，自设陶瓷管理局，产瓷品质及式样皆改良，产量亦大增进。去年由产额三百万圆增为八百万圆，市况大盛。镇有运花塘为风景绝胜处，自浮梁至乐平间，有残伏山中间，月前某官过此，卫队被杀十人。

（《汗血周刊》1937 年 6 月 6 日）

9 日　出席位育小学自建校舍奠基礼

[本报讯]本市私立位育小学开办以来，已阅五年，教学设备均极完善，每期招考新生向隅者甚多。现由该校董会筹资于拉都路、西爱咸斯路南首购地自建校舍，计教室及办公室，一幢礼堂、两操场、一幢寄宿舍二十四间。于昨日上午九时，行奠基礼，到场者有穆藕初、黄任之、江问渔、蒉延芳、贾佛如、李现林、王志莘代表姚良、穆伯华、蒋子展等，及学生家属全体学生，四百余人。升旗行礼后，首由董事长穆藕初君立础并报告，黄任之君演说，大放爆竹全体欢呼，最后由校长杨卫玉引导来宾，参观工程，全部而散。

（《申报》1937 年 6 月 10 日）

11 日　担任光华暨南教育辩论决赛评判

[本报讯]沪五大学教育学系组织之教育问题辩论会，初赛、复赛，业经分期在各校举行。兹闻决赛日期，定于本晚（星期五）七时半，在八仙桥青年会大礼堂举行，以便各界前往听讲，辩论题目仍为“中国教育应当统制”，光华对暨南，并请黄炎培、陈鹤琴、郑通和担任评判。

（《申报》1937 年 6 月 11 日）

13 日　看望“七君子”

一九三七年“八一三”事变前，以沈钧儒为首的救国会负责人七人，被蒋介石逮捕，羁押于苏州候鞫讯，引起了广大爱国人士的抗议怒潮。黄炎培于这年端阳节日访沈钧儒、邹韬奋、李公朴、沙千里、史良等于苏州高等法院看守所，为他们在画册上题诗：

澒洞烟尘白日昏，端阳风雨扣圜门。
长城万里云千树，随意挥毫壮国魂。

后来蒋迫于众议，沈等全释。

（《八十年来——黄炎培自述》，第137页）

19日　担任新苏学会名誉理事

［本报讯］新苏学会于昨日下午二时，假美华女中举行成立大会，计到市党部代表杨家麟、市社会局代表陈东白暨会员二百余人，当即选出主席团蒋建白、姜怀素、（冯宪成代）卢续高、刘启民、谢承德、聂鸿智、储有礼，纪录杨汝淦、张炳铎，司仪方超。兹分志详情如次：

［党政致词］

首由主席团蒋建白领导，行礼如仪，报告开会宗旨毕，即由市党部代表杨家麟致训，略谓，中国自南宋以后，江苏已成为全国文化政治经济的中心，近几年来亦更有新的气象，不过江南江北发展未有平均，尚希诸位努力，完成此项任务云。嗣由社会局代表陈东白致训，略谓，江苏不特在政治经济文化上为全国中心，抑且在国防上亦属要地，在此非常时期，一旦事变降临，苏地人民应如何协助政府应付、在平日又应如何准备，新苏学会可随时研究贡献意见。此外，江苏文化的特质与北方文化稍异各有优点，希望新苏学会能努力开发此精神的宝藏云。继由发起人代表谢承熏、筹备会代表刘启民等，报告发起筹备经过，冯宪成演说。

［选举职员］

次即通过大会会章，选举职员，结果选出理事长蒋建白，理事凌宪文、陈唯一、刘启民、聂鸿智、谢承熏、张炳铎、卢续高、蒋建策、金刚、俞寿松、华久茀、王家恩、计匡华、王鉴藩、皮禹、邱友馨、徐学军、杨汝淦、徐家琳、倪广年、方超等二十一人，候补理事董昌球、蒋惠民、邓光、凤葆根、徐阶泰、翟广涵、江盈之等七人，监事长姜怀素，监事李万育、吕海澜、陈润身、姜文宝、冯宪成、储有礼、陈东白、钱国凯、芮家俊、萧启稚、李庆锡、沈冰、王乃徐等十三人，候补监事詹文焯、汤鸿恩、杨绍伦等三人。

[电慰陈氏]

大会通过电慰陈主席治苏劳绩，原文云：镇江陈主席勋鉴，我公主持苏政三年以来治献卓著，全省咸钦，本会同人尤深敬佩，特电奉慰，并祈指导一切，以匡不逮。新苏学会理事长蒋建白、监事长姜怀素率全体会员同叩。

[名誉理事]

大会并提交理事会聘请叶楚伧、吴稚晖、顾祝同、钱大钧、陈继承、余井塘、钮永建、黄炎培、江问渔、王柏龄、吴开先、张寿镛、周作民、赵棣华等为名誉理事。至五时许散会。

(《申报》1937年6月20日)

22日　欢迎京滇公路周览团

[本报讯]本市市商会，银行公会，中外文化协会，医师公会，药师公会，中法大学，新亚制药厂，中法、中西两药房，及地方协会等四十九团体学校厂商，昨日下午四时，假座八仙桥青年会九楼，欢迎京滇公路周览团褚民谊及全体团员，出席者除褚氏外，并到团员王延松、王伯元、黄敬齐、伍无畏、张登义、沈吉苍、吴泽霖、赵慕儒等十人。参加团体代表及来宾王晓籁、黄炎培、林康侯、汪伯奇、马阴良、许冠群、许晓初、冼冠生等百余人。首由主席王晓籁致开会词，略谓，此次本市各界团体，以京滇公路周览团，跋涉长途，考察西南交通，对开发我国内边疆，极具重大意义，故特联合欢宴该团，希望该团褚团长暨各位团员，能尽量将考察见闻所得，作一详细报告，俾吾人得聆教益，实为欣幸。继由代主席黄炎培介绍褚团长报告，褚氏即起作详细报告，详述该团周览旅程经过，历一时始毕，略谓，此次考察期间五十余日，由南京起，经南昌、长沙、贵阳、昆明、桂林及成都等数大城市，沿途所见，皆极奇伟；

公路工程皆极巨大，如在贵州开辟公路尤为困难，山地有高一千一百五十尺者，但幸赖人力克服其险阻，至全路修筑，仅费二年，即行告成云。继由该团团员王延松、王伯元、吴泽霖、黄敬齐等各就个人见闻，详细报告西南各地生活状况，及该团考察经过情形。至八时茶点散会。

（《申报》1937 年 6 月 22 日）

22 日　在播音节目中演讲

［本报讯］

……

上海市（九〇〇）播音节目

……

一七·〇〇　名人演讲（黄炎培先生）

（《申报》1937 年 6 月 22 日）

30 日　于浦东同乡会出席第五届征求会员宴请会，担任总参谋，并发表演说

［本报讯］下午七时半，于浦东同乡会出席第五届征求会员宴请会。到者达二百四五十人。杜月笙致词，赠会所落成征求成绩优胜各队长队员银盾。席间，穆藕初与黄炎培演说，词意在勖勉各队努力征求会员，以期团结同乡之精神。次由瞿绍伊、朱少沂等演说。次介绍第五届征求会员各队，总队长杜月笙，副总队长穆藕初、吕岳泉、沈梦莲，总参谋黄炎培，副总参谋陈子馨、潘志文、陆文韶，总干事蔡福棠，副总干事顾文生、张文魁、万墨林，总秘书瞿绍伊，副总秘书张伯初、潘鸿鼎、张裕良，并分职业及区域为各队队名。推定资望素孚者为队长。“编制较前益为精密，到会队员处此新建大厦之中，情绪热烈，颇极一时之盛。”

（原载《申报》1937 年 6 月 30 日、7 月 1 日，
引自《穆藕初年谱长编》，第 1143 页）

7月

1日　作《民国廿六年告我有志有为的青年》一文

为《大路》作一文，题为《民国廿六年告我有志有为的青年》。列举国内物产丰富，待开发而未开发者甚多，最后结论为："没有一个地方不是事业，没有一寸土地不是黄金，没有一分钟时机不是机会。"……因而"不应干那无目的、无计划的死读书生活，让人家笑国难时期的书呆子"。

（《黄炎培年谱》，第119～120页）

录全文如下：

民国廿六年告我有志有为的青年

如果我还没有来到世界，有人问：你愿到哪一国去？我说：愿到中国去。为什么？因为中国机会顶多故。如再问我，愿在什么时候到中国去？我说：愿在民国廿六年到中国去。为什么？因为中国在民国廿六年机会顶好故。

中国究竟有多少好机会呢？阿呀！诸位有所不知。我不必讲别的。单把这几年来我亲身经历过的讲给诸位听。

几个月前，到江西。江西全省可耕之田有五千二百多万亩。中间宜稻的三千三百八十多万亩。据临川县长告我，他们把土种的水稻和改良种同时试验，同样的土壤、肥料、方法，改良种要比土种长四寸，每亩多收二十斤。诸位想，三千三百八十多万亩，每亩加收二十斤，要多少呢？不是六百多万担么？值多少钱呢？可养活多少人呢？这不过举个例。水稻以外，还有不少不少农产。江西以外，还有不少不少地方。那一处，那一种没有改良的必要和可能，就是没有人去研究农学呀！即便有人研究，单读农书是不行的呀！即使有人实地研究，人数还不够呀！诸位！农学真值得研究哩！

江西和广东分界的大庾岭，那边有钨矿。钨是作什么用呢？军舰的甲板、大炮的炮身、坦克车的外壳、电灯泡里的丝、内燃机的接触点，都少他不得。可是多数产在哪里呢？全世界百分之七十以上产在中国。中国百分之五十以上产在赣南。到了民国六年德国教士在那里无意中才发见。钨以外，不知还有多少珍奇矿产，就是没有人去研究采矿呀！诸位！快快去研究矿学！

四川的南部富顺县、荣县有自流井，把地底下冒出来的火，来煮这地底下取出来的水，便成功了盐。这种天然的火，可以供种种用途。四川还到处有天然的盐，就是没有应用化学的学理来改良。诸位，今后的世界，将从机械世界进于化学世界，今后的战争，将从机械战争进于化学战争，你们有人欢喜研究化学么？

长江的上游，可以沙里随意地淘出黄金来，所以称为金沙江，这不用说了。川康一带，还有无数无数的森林。四川卢作孚先生所创办的西部科学院派专家去调查，造几条铁路所需要的木材，决没有问题，真正是“材木不可胜用”。我在前二十年游松花江，亲见黄杨木当做柴来卖来烧。松花江里行轮船，三天到达的地点，这种木材拿下船时价值一圆的，走了三天，价格抬高到七圆。诸位！你们大可以去研究研究森林。这种天然美利说不尽哩！

这种种天然美利都要靠铁路来运输，诸位！何不去研究铁路呢？

一条黄河闹了几千年水患，弄得惊天动地，不知道葬送了多少老百姓身家性命？其实不是绝对没有办法呀！渭水、泾水、洛水，不都是黄河上游重要的支流吗？前年我到陕西去参观过泾惠渠，把泾水从他发源高处，利用山谷，筑一条坝，成一个很大的蓄水池，旁边开一水道，将水慢慢地送下来，到处设闸，管理开闭，水从几条干渠里，流入无数条支渠，来灌泾阳、三原、高陵、临潼、醴泉、枞阳等县一百多万亩田。未开渠前，地价每亩六圆。渠成以后，每亩三十圆，还没有人家肯卖。诸位想：不知道增加多少收获？养活了多少人口？现在洛水、渭水都在那里做这种工程。还有一件大好处，各种渠工做好以后，黄河里的水，得了正当的出路，到处有储蓄，随人的意思来开闭，要多便多些，要少便少些。虽不敢说没有水患，总可以大大的减少水患。而且还有种种新发明，可以预先知道水要涨哩,要落哩。现在黄河上游已可以行船到宁夏,这是去年的报告。诸位!你们想研究土木工程、水利工程么?真正是造福国家利人利己的学问。

以上种种,都要用着机器。政府为了经济建设和国防设备,需要一万到两万个机械人才,这是最近的消息。诸位!还不快快研究机械学么?

可是一国的政治,如若老是不上轨道,什么都说不上。过去的中国就是年年家里闹一个不清。自相妒忌、残杀,把所有人力物力自己来相消。一直到了民国廿五年,为两广问题,几几乎打仗,到底和平解决。绥远剿匪,全民民众一致起来援助。仗着傅作义将军和前方将士的英勇,把敌人东西交通中心百灵庙夺回过来,绥远境内宣告肃清。西安事变,几乎闯下弥天大祸,终于全国欢迎领袖平安归来。现在国家政策已十分显明了。民众爱国的情绪,一天热烈似一天了。全国拥戴领袖的心理一致了。在严重的使命之下,可以说没有一方不愿和政府合作的了。诸位青年!受了军事训练,一方锻炼好身体,一方养成纪律生活,来接受当前严重使命,可是莫忘掉中国正需要上述各种专门人才。我们中国呢,可以说:没有一个地方不是事业,没有一寸土不是黄金,没有一分钟时间不是机会,诸位是有志有为的青年!虽道在机会那么多的中国那么好的时候,还没有切切实实贡献给国家,还是干那无目的无计划的死读书生活?让人家笑做国难时间的书呆子。

廿六,七、一　为《大路》作

6日　出席位育小学毕业典礼

[本报讯]本市位育小学成立五年,声誉极著,最近正在西爱咸斯路、拉都路已建筑宏大之校舍,计有教室二十四间,礼堂两操场一大间,寄宿舍二十四间,并有校园工场等附属设备,自制校用汽车,接送学生,在本市私立小学中,可算规模最大之一校。昨日下午举行三届高级小学、四届初级小学、五届幼稚园毕业典礼,到会者有校董江问渔、潘仰尧、黄任之、穆伯华、张翼枢,家属李允卿、李仲梓等三百余人。行礼如仪后,由杨卫玉代表主席,校董穆藕初报告校务,社会局潘局长代表叶视察员致训词,蒋建白君给证书,吴蕴初夫人、戴仪女士给奖,校董江潘二君致词,最后殿以余兴,除音乐歌舞

外,表现民族英雄故事,内容形式均有精彩,说白均用国语,尤为特长同时并展览川灾缉私等中心教材之各科成绩,参观者颇为赞美。

(《申报》1937年7月7日)

7日　发表《旧游回首记》

旧游回首记

余以公历一八七八年生于江苏省川沙县城。地在黄歇浦之东,距上海不过五十里。其时交通不便,又生在世家门第,很少出游习惯,故在十五岁以前,没有离开浦东一步。然对于远游的观念,自幼已在心田里散下不少种子。余父壮年抛弃了教读生活,向河南、广东、湖南等省云游作幕。第一次出门,余才九岁。吾母教余练习看信、写信,吾父从远方最早给我的字条,勉我读书学好,此字条至今还珍藏着。什么郑州黄河决口呀!河工合龙呀!什么金龙四大王供在香灰里,民众抬着沿堤游行呀!一一深印着吾脑海里。等到吾父去广东,带归各种纪念品,竹皮扇呀!潮州扇呀!玩具呀!还有闱姓簿呀!平添了不少常识。同时感觉得旅行着实有趣味。

我家租住川城沈氏宅。姑丈沈肖韵先生(毓庆),实吾祖母的侄儿。初从吾父读,长吾十岁,两家同住一宅。吾父既出门,吾就日夜不离我姑丈书斋,此书斋名"汉石经室",因藏有东汉熹平石经,故名。此中所藏金石,时人称其甲于江南。书画图籍亦着实不少,吾在幼时总算饱过眼福。但是吾正式读书,倒在川城城东三里孟氏外祖家。外祖荫余先生(庆曾)延师课我舅父及我。孟氏饶园林之胜。每当春日,山茶杜鹃花,盆栽几百本怒开,好鸟枝头落花水面,倾城游客,皆欲一登东野草堂为快。外祖性好客,长夏绿荫如画,棋声丁丁然。追水落潭清,一棹芙蓉深处。我呢,沉浸在这样天然优美的环境里,埋头苦读者十年。

隔了四十多年,我为川沙修志的使命,关门伏案者七天,会写几首诗,中有一首,记我童时境遇。

久客还乡不当家,忍从劫后问桑麻。

先人名字陈编泪,早岁风波泛海槎。

残隶熹平摹汉石,初春东野赏山茶。

童年消息留心影，说与西风雪鬓斜。

吾在幼年，还有一种出门机会。吾家祖墓，在川沙北境高行镇。每遇清明，兄弟叔侄相偕前去扫墓。其次，我约莫十一二岁吧！一大群族人扫墓毕，到茶店喝茶。吾欲会茶钞，别人不许。吾说："那么吾的吾自己付罢。"吾叔以目止我，事后还责我不应该这样胡闹。我自思各付各款，此法甚好。怎么说我胡闹？百思不得其解。

（未完）

（《健康家庭》1937年第三期，第3页）

9日　就卢沟桥事变致电宋哲元将军

7日，卢沟桥事变发生，与江问渔、杨卫玉等致宋哲元等一电，文曰"暴敌无厌，得寸进尺，芦沟桥之役，用心叵测，令人发指！诸公奋勇抗敌，捍卫国土，全国感佩。读蒋委员长致二十一军训词，有河北为吾军坟墓之语，悲壮慷慨，凡具人心，莫不激奋。丰台已事，可为殷鉴。尚望坚持到底，勿中敌计，不作城下之盟，不签任何条约，全国国民，愿为后盾。"

（《黄炎培年谱》，第120页）

9日　收到宋哲元将军复电

宋哲元复黄炎培等电

奉读佳电，指导周详，勖勉深至，再三循诵，感奋莫名。哲元等责在守土，分属下人，横逆之来，自当誓予驱除也。凡所箴、示，当铭诸肺腑，切实循率，并请时赐明教，是所至荷。专复并谢。

宋哲元等叩　烝

（《黄炎培序跋记文书信选辑》，第316页）

13日　写信致王献唐

黄炎培致王献唐信

得识面，兹因事欲有所求，拟请先生为我助力，事虽非公，然亦不失为磊磊之行,特欲先知。先生与丁先生之交情,能为我进言,然后敢掬以奉肯,愿闻明示。弟有庐山之行,赐示乞寄南京铁池汤全国经济委员水利处黄万里转交。渎神感切,手候道履。弟黄炎培敬上。廿六、七、十三,自沪之九江舟次,匆草草。

(《黄炎培序跋记文书信选辑》,第257～258页)

20日　参加上海市救护委员会成立大会

[本报讯]本市救护事业协进会遵中央规定,改组为本市救护委员会,于昨日下午四时在地方协会举行成立大会。公推陶百川、黄任之、庞京周为主席团。首由主席陶百川报告改组情形暨过去工作,继由党政机关代表各致训词毕,即席遵照中央规定改组成立为上海市救护委员会,并通过各案如下:

一、组织章程。

二、今日出席者皆得为本会会员。

三、由会函本市有关各团体,正式推选代表参加。

四、推选颜福庆为本会正主任委员,许冠群、徐乃礼为副主任委员。

五、本会会员得由主任介绍参加。

议毕散会。

又该会举办救护训练班,本届为第四期。因芦案发生,要求参加者较前更为踊跃,报名者已达七十余人,均经该会考试合格,特定于今日下午七时,在北成都路和安小学内举行开学礼,即日开始训练。训练课程为:(一)急救学;(二)缩[绑]带学;(三)担架学;(四)防毒学。授课时间为每星期一至星期五下午七时至九时,训练为二星期。教师现已聘定吴淞卫生事务所医师李伟军担任云。

(《新闻报》1937年7月21日)

附:上海市救护委员会委员名单

正主席:颜福庆

副主席:许冠群、徐乃礼

总干事：王揆生

委员：颜福庆、许冠群、徐乃礼、庞京周、陶百川、黄任之、金润庠、钱新之、李廷安、翁之龙、郭琦元、朱恒璧、陆伯鸿、陈良玉、黄伯樵

训练推行委员会委员：江问渔、蔡洪田、徐乃礼、顾毓琦、范守渊、徐宝彝、庞京周、汤蠡舟、王揆生、汪曼云、童行白、吴利国、张秉辉、林克聪、罗叔章、张志学、蔡金瑛、王淑贞、陆礼华

药物供应委员会委员：许晓初、周邦俊、马炳勋、徐翔孙、袁鹤松、胡桂庚、高培良、许冠群、项绳武、朱瑞臣、朱玉泉、何子康、陈小蝶、屠开征、虞兆兴、方液仙、李锦奎、周梦白、曹志功、刘步青、郭顺、戴𡖖庵、钟耀章

上海市救护委员会职员名单

名誉主任委员：虞洽卿

正主任委员：颜福庆

副主任委员：黄炎培、林康侯、许冠群、俞松筠、翁之龙、郭琦元

秘书长：王揆生

秘书：陈瑀、刘大作

（略）

上海市救护委员会个人会员名单：

杜月笙、钱新之、林康侯、黄伯樵、王晓籁、潘公展、李廷安、陶百川、陆伯鸿、陈小蝶、方液仙、潘仰尧、汪曼云、陆礼华、李组绅、颜福庆、蔡洪田、许也夫、张秉辉、朱恒璧、项绳武、汪伯轩、朱仰高、顾南群、何元明、顾毓琦、王育方、曾广方、马炳勋、卢学志、刘步青、张志学、金润庠、许书绅、刘士林、范守渊、何子康、朱瑞臣、胡桂庚、陈公保

上海市救护委员会各机关团体代表一览：

机关名称	代表姓名
上海市商会	许晓初　周邦俊
中国红十字会上海分会	藏廉逊　蒋茂铄
中华医学会	富文寿　黄子方

续表

机关名称	代表姓名
上海市钱业公会	陆书臣　严大有
中华民国药学会	刘步青　周梦白
私立东南医学院	郭琪元　汤蠡舟
上海市药师公会	周梦白　裘少白　曹志功
上海市新药业公会	徐翔孙　朱玉泉
中国红十字总会	庞京周
上海市卫生局	徐世纶　吴利国　朱润深
上海女子医学院	王淑贞　张祖华　沈诗英
上海市妇女会	林克聪
私立同德医学院	顾毓琦
上海市女青年会	张志学
中法大学药学专修科	吴树阁　宋悟生
青年会	应天和
震旦大学医学院	徐宝彝
全国新药业同业公会联合会	袁鹤松　屠开征
上海市医师公会	俞松筠　叶植生
全国医师联合会	徐乃礼　蔡禹门
上海市防空协会	杨国柱　郑泽光
国立上海医学院	朱恒璧　任廷桂　刘崇恩
普善山庄	陈良玉
中国妇女抗敌后援会	罗叔章　蔡金英
上海市制药业公会	许　超　何子康
中华职业教育社	江问渔　杨卫玉
上海市地方协会	黄任之　王揆生
国立同济大学	翁之龙　蒋益生　李宣果

(《上海市救护委员会报告》)

22日　参加上海市各界抗敌后援会成立大会

[本报讯]本市各界抗敌后援会于昨日上午十时，在市商会议事厅举行成立大会。计到市商会、地方协会、总工会、市农会、市教育会、市妇女会、记者公会、律师公会、会计师公会暨特一、特二、沪南、沪北等各区市民会，银钱业等各业公会，中华国产联会、机联会等各国货团体，宁波、绍兴、四川等同乡会，各机关各学校等五百余团体，共二千余人。情况至为热烈，主席团杜月笙、虞洽卿、周雍能、陶百川、汪伯奇、王晓籁、钱新之、张寿镛、陆京士。

大会程序：

一、振铃开会；

二、主席团就位；

三、全体肃立；

四、唱党歌，向党国旗及总理遗像行最敬礼；

五、恭读总理遗嘱；

六、静默，为抗敌阵亡将士志哀；

七、主席报告；

八、通过组织纲要；

九、推定委员；

十、讨论提案；

十一、呼口号；

十二、摄影；

十三、散会。

[主席报告]

行礼如仪。首由主席王晓籁报告，略谓，今日上海各界举行抗敌后援会成立大会，实因国家已至危急存亡之秋，我们上海三百七十万市民，应一致起来御侮抗敌，成立后援会。宗旨是要统一意志，整齐步骤，集中一切力量来救国。目前的国难与以前不同，敌人步步进逼，非将我亡国灭种不止。所以目前应付国难，不是暂时而是持久的，不是局部而是整个的。各界后援会是包括全市农工商学三百七十万全体同胞，取一致行动，努力于救国工作，并望人人本着自爱爱国、自救救国的精神,以挽救国难云。

[组织纲要]

上海市各界抗敌后援会组织纲要

一、本会由上海市各机关团体组织之,定名为上海市各界抗敌后援会。

二、本会以本中央既定方针作抗敌后援,共谋完整国土、复兴民族为宗旨。

三、本会由代表大会推定执行委员一百二十一人,组织执行委员会;监察委员二十五人,组织监察委员会。

四、本会设常务委员三十五人至四十五人,组织常务委员会主持日常工作。

五、常务委员会下设秘书处。处设秘书长一人、秘书若干人,由常务委员会推选之。

六、本会及分科办事。其分科办法另订之。

七、本会视事实之需要,得设特种委员会,其委员由常务委员会推聘之。

八、本会经费由参加之各机关团体担任之。

九、本会各项章则另订之。

十、本纲要经代表大会通过施行。

[推定委员]

执委:王晓籁、杜月笙、钱新之、陶百川、张寿镛、童行白、黄任之、潘公展、骆清华、汪伯奇、颜福庆、陆京士、潘公弼、汪曼云、庞京周、周邦俊、樊仲云、奚玉书、黄香谷、许晓初、章益、金润庠、李骧骐、马荫良、金国宝、秦联奎、洪深、周学湘、裴云卿、徐佩璜、沈怡、杨卫玉、柯干臣、葛杰臣、傅东华(以上常务委员),朱文德、朱羲农、黄伯樵、周剑云、李文杰、杭石君、赵君豪、吴中一、潘仰尧、蒋光堂、蔡仁抱、江问渔、王性尧、薛农山、林柏生、蔡承新、高事恒、王芸生、杜旭如、胡厥文、穆藕初、徐采丞、邹秉文、史贻堂、姜怀素、陈小蝶、胡西园、蔡洪田、吴修、胡星耀、黄造雄、蒋建白、李遂先、徐王生、叶翔皋、陈培德、邵虚白、龚雨亭、水祥云、李华、范一峰、林克聪、朱学范、徐乃礼、周梦白、寿毅成、谢仲复、朱养吾、高伯浚、沈若虚、金楚湘、金光楣、袁仰安、冯有真、张叔通、王志莘、严谔声、曹志功、张一尘、林美衍、崔唯吾、江万平、瞿振华、张小通、毛和源、陈子彝、张念萱、刘敏斋、何五良、鲍国梁、杨管如、裴元鼎、孙兰舟、陈贤本、曹显吉、王元章、蔡志阶、江剑平、孙鸣歧、袁鸿钧、陈庆兆、孙秋萍、夏国梁、曾虚白、许冠群等一百二十一人。

监察委员:周雍、吴开先、杨啸天、蔡劲军、虞洽卿、刘湛恩、褚慧僧、徐寄庼、林康侯、闻兰亭、潘序伦、江一平、胡朴安、宋汉章、马骥良、徐桴、李廷安、张啸林、顾馨一、陆伯鸿、郭顺、严独鹤、徐永祚、秦润卿、王新命等二十五人。

［通过提案］

通过组织大纲后,讨论提案如下:

一、由大会发表通电拥护蒋委员长筹日主张案。议决:通过。

二、电宋哲元本以往抗敌精神继续努力,勿接受任何屈辱条件案。议决:通过。

三、电慰吉星文团长抗敌受伤案。议决:通过。

四、通过全国各界一致动员抗敌救国案。议决:通过。

五、严厉制裁汉奸案。议决:通过,交执行委员会办理。

六、征募抗敌救国捐案。议决:原则通过,交执行委员会办理。

七、本会既经成立,所有本市合法团体皆应加入本会一致行动,不得再有任何其他救国性质团体单独行动案。议决:通过。

八、由本会发起全上海话剧电影演员联合演戏筹款案。议决:通过,交执行委员会办理。

九、联合各省市各界抗敌后援会成立全国各界抗敌后援会。议决:交执行委员会办理。

十、请确定本会为长期统一抗敌救亡团体案。议决:通过。

十一、授权执行委员会以各种有效方法完成本会使命案。议决:通过。

其他尚有要案二十余件,均经通过,交执行委员会办理。

［分发通电］

一、南京。蒋委员长钧鉴:本日上海全市各团体举行大会,全体一致誓以血诚拥护钧座筹日主张,抗敌救国,万众一心。谨电奉陈,竭诚待命。上海市各界抗敌后援会叩。养。

二、北平。宋明轩军长勋鉴:贵队浴血抗敌,全国钦奋。当此存亡关键,惟赖坚定毅力,务祈一本初衷,勿稍受谕,永保光荣历史,毋负国民期望。全沪各界,竚(伫)候佳音。上海市各界抗敌后援会叩。养。

三、北平。廿九军司令部转吉星文团长勋鉴:台端杀敌致果,奋不顾身。本会代表全沪各界,致其无限之敬意与最高之慰勉。上海市各界抗敌后援会叩。养。

[大会宣言]

今何时乎,正中华民国五千年历史绝续之所关,中华民族四亿人生命存亡之所系。能抗敌则生,不能抗敌则死;能拼死则生,欲贪生则死。凡有血气,人同此心。盖自九一八迄今,六载于兹,吾民族爱护和平、委曲忍受之苦心,亦为世界所昭知。讵料我愈退让,敌愈进迫,迹其用心,非至灭绝我全民族之生命不止。即如此次芦沟桥事件,一再挑衅之不足,且假妥协之名,行调遣之实,冀以武力胁迫,图达蚕食野心。此而可忍,孰不可忍!现在中央已昭示自卫之国策,将士均抱有誓死之存,作抗敌决心。凡属国人,皆当奋起,统一组织。集中力量,以铁血求生存,作抗敌之后援,一心一德,念兹在兹,各竭其能,各尽其力,非达国土完整、民族复兴之目的,誓不稍懈。呜呼!我国家不欲图存则已,如果欲之,则此后十年,当无日不在抗战之中。战固战,和亦战。国人其自今日起,坚尔心志,厉乃戈矛,在蒋委员长领导之下,剑及履及,足食足兵,无凭一时之奋兴,共作永久之抗战。此耻不雪,此志不懈,父诏兄勉,永矢勿谖。谨此宣言,诸希公鉴。

[委员会议]

末高呼口号:一、一致抗敌;二、肃清汉奸;三、蒋委员长万岁;四、中华民国万岁。

并悉该会是于二十四日(星期六)下午四时在商会开第一次委员会议。届时除推定秘书长等重要职员,办理大会交办案件外,并将筹组特种委员会,积极推进会务云。

(《新闻报》1937年7月23日)

23日　参加上海市各界抗敌后援会第一次常务委员会议

[本报讯]本市各界抗敌后援会，于昨日下午二时半在市商会举行第一次常务委员会议。到王晓籁、杜月笙、童行白、秦联奎、黄任之、陶百川、潘公弼、潘公展（张秉辉代）、钱新之、杨卫玉、汪伯奇、奚玉书、许晓初、周邦俊等二十七人。公推王晓籁为主席，经报告成立经过后，讨论各案如下：

一、应否设立主席团案。议决：通过，推王晓籁、杜月笙、钱新之、潘公展、张寿镛、童行白、黄任之、柯干臣、陆京士九人。

二、推定秘书处职员案。议决：推陶百川为秘书长，严谔声、秦联奎、汪曼云、顾炳元、周宪文、萧青山等为秘书。

三、拟组织各种委员会案。议决：组织筹募、供应、宣传、交通、技术、防务、救济、粮食、救护等各种委员会，名单提交全体委员通过。

四、拟定各种办事细则案。议决：交秘书处妥拟。

（原载《新闻报》1937年7月24日，
引自《上海市各界抗敌后援会》，第10页）

24日　出席上海市地方协会全体理事会议

[本报讯]上海市地方协会鉴于时局严重，特于昨日下午五时，在中汇大楼会所，召集全体理事会议。出席杜月笙、钱新之、王晓籁、黄任之、穆藕初、陈光甫、蒉延芳等五十余人，主席杜月笙行礼如仪后，首由主席报告时局，继即讨论际此时局紧迫之非常时期，维护本市地方安宁交通。当经议决通告全体会员，一致准备后援工作，应付非常事变。议毕散会。

（《申报》1937年7月25日）

24日　出席抗敌后援会第一次执监联席会议

[本报讯]本市各界抗敌后援会，昨日下午四时在市商会举行第一次执监联席会议。到执监王晓籁、杜月笙、钱新之、陶百川、黄任之、潘公展（张秉辉代）、骆清华、汪伯奇、陆京士、庞京周、秦联奎、黄香谷、徐佩璜、黄伯樵、周剑云、薛农山、吴修、蔡洪田、严谔声、张小通、许冠群、吴开先、林康侯、胡朴

安、宋汉章、李廷安(顾正汉代)、郭顺、徐永祚等百余人;王晓籁、黄任之、柯干臣、杜月笙、钱新之等为主席团;陶百川为秘书长。

报告事项

首由主席王晓籁报告:

一、第一次常务委员会议决案:甲、推定王晓籁、杜月笙、钱新之、潘公展、张寿镛、童行白、黄任之、柯干臣、陆京士等九常委为本会主席团;乙、推陶百川常委为本会秘书长,严谔声、秦联奎、汪曼云、顾炳元、周宪文、萧青山为秘书;丙、依照本会组织纲要第七条之规定,设置筹募、供应、救济、宣传、交通、粮食、技术、防护、救护等九委员会,并聘定各委员会主任委员。名单另录。

二、施修德先生捐助擦枪油五百瓶,已暂行收存。

讨论事项

一、陆京士函请准辞主席团职务案。议决:照准。推常委金润庠递补。

二、执行委员会组织规则草案。议决:修正通过。

三、讨论大会交议案件:

甲、征募抗敌救国捐案。议决:交筹募委员会收集意见研究办理。

乙、联合各省市各界抗敌后援会案。议决:保留。

丙、由本会发起全上海话剧电影演员联合演戏筹款案。议决:交筹募委员会妥议方案。

丁、促成上海市各学校联合加强本会工作案。议决:交秘书处妥议方案。

戊、由本会发起召开市民大会表示决心案。议决:交常务委员会斟酌情形办理。

已、授权执行委员会以各种有效方法完成本会使命案。议决:授权常务委员会办理。

临时动议:尽量搜罗各界人才案。议决:交常务委员会办理。

议毕散会。

主任委员

一、筹募会主任委员杜月笙;副吴蕴斋、骆清华。

二、供应会主任委员钱新之;副金润庠、许晓初。

三、救济会主任委员潘公展;副陆伯鸿、周邦俊。

四、宣传会主任委员童行白;副严独鹤、潘公弼。

五、交通会主任委员黄伯樵;副张登义、周祥生。

六、粮食会主任委员顾馨一;副陈子彝、瞿振华。

七、技术会主任委员沈怡;副徐秉臣、陆京士。

八、防护会主任委员李骧骐;副陈光中、张小通。

九、救护会主任委员颜福庆;副徐乃礼、许冠群。

(各委员会委员名单略)

组织规则

上海市抗敌后援会组织规则

第一条　本规则依据上海市抗敌后援会组织纲要第九条订定之。

第二条　本会常务委员会设主席团,由常务委员互推九人组织之,主持日常事务。

第三条　本会秘书长秉承主席综理会务,并指挥监督所属职员。

第四条　本会秘书处暂设左列各科:

一、总务科。掌理文书、庶务、交际及其他不属于各科事项。

二、会计科。掌理出纳、记账及审核事项。

三、组织科。掌理联络、组织、训练及指导事项。

四、调查科。掌理调查、通讯、情报及统计事项。

五、保管科。掌理验收、储藏及颁发事项。

第五条　各科设主任一人,由秘书长荐请主席团聘任之,秉承秘书长及主席团处理各该科主管事务。

第六条　各科得分组办事;各组设组长一人,干事若干人,由秘书长商承主席团调派之。

第七条　本会因事实之需要,暂设左列特种委员会:一、筹募委员会;二、供应委员会;三、救护委员会;四、救济委员会;五、防护委员会;六、交通委员会;七、粮食委员会;八、技术委员会;九、宣传委员会。

第八条　本会特种委员会设主任委员一人,副主任委员二人或三人,及委员若干人,由常务委员会推选之。

第九条　本会特种委员会得酌设办事人员,秉承秘书长及各该会主任委员办理各该会事务。

前项办事人员,由秘书长或各该会主任委员商承主席团调派之。

第十条　本会特种委员会对外行文,概以主席团名义为之。

第十一条　本会职员概不支给薪津。

第十二条　本大纲由执行委员会通过施行。筹募会议。

又悉抗敌后援会筹募委员会已定于本月二十八日(星期三)下午四时在市商会召集第一次筹募委员会议,讨论进行事宜。其他各项特种委员会,均将定期召开会议,推进会务云。

(原载《新闻报》1937年7月25日,
引自《上海市各界抗敌后援会》,第11～13页)

27日　担任上海市各界抗敌后援会筹募委员会委员

杜月笙筹募工作概论①

绪言

自民国二十年九月十八日敌人肆其鼠窃狗偷之惯技,袭取沈阳、占据辽吉,屏障故都之东北四省次第沦陷;继之以一·二八淞沪构兵,全国经济重心所系之上海,精华几成灰烬。六年以来,敌人则愈迫愈紧,民气则愈积愈张,铭心刻骨,时日曷丧。本年七月八日,敌人复在芦沟桥无端挑衅,保卫中华民族之神圣抗战于以在故都揭其序幕。最高当局宣示决心,全国将士奋勇效命。沪上各界以为时至今日,有敌无我,有我无敌。五千年之祖宗庐墓,亿万年之子孙命运,均将于此最后关头决其荣辱。吾人不甘为奴隶,不甘作牛马,不甘承受鞭挞,不甘长被宰割,则在此千钧一发之时机,毁家纾难,义无反顾,捐款救国,救国自救。盖现代战争除精神条件外,必须备具物质条件。备具物质条件,而后可以持久,而后可以决战。欲备具物质条件,

① 原件无成文日期。

必须征集全国之物力资力，以供应保卫民族抗敌之需要。故上海市各界抗敌后援会于七月二十七日，亦即平津失守之日，成立筹募委员会，专任救国捐款之筹募事宜。迨至九月一日救国公债劝募总会成立，各界赓续劝募救国公债，于九月十日停止收受救国捐。本篇所记，系述筹募救国公债之一般情形。

组织系统

上海市各界抗敌后援会依照组织纲要设置筹募委员会，推月笙任主任，吴蕴斋、秦润卿、李馥荪、骆清华诸君为副主任委员，并聘各界领袖宋汉章、钱新之、陈光甫、宋子良、黄金荣、张啸林、胡笔江、傅汝霖、徐新六、顾克民、唐寿民、贝淞荪、徐桴、郭顺、金廷荪、王延松、俞佐庭、裴云卿、王伯元、陆子冬、胡筠庄、沈田莘、褚辅成、蔡承新、王志莘、葛杰臣、金国宝、寿毅成、齐云青、陈庆兆、张念萱、裴元鼎、沈菜舟、孙秋屏、叶荫三、郑泽南、周康保、李景彧、劳敬修、王振芳、周仰纹、戴畊莘、沈信卿、李祖绅、王厚甫、丁雪农、奚玉书、林康侯、丁方源、张慰如、金润庠、吴南轩、欧元怀、江一平、史泳赓、汪伯奇、胡政之、崔唯吾、黄伯惠、管际安、林柏生、蒋光堂、严谔声、徐寄庼、徐立民、曾虚白、穆藕初、叶扶霄、徐永祚、徐静仁、刘聘三、徐懋棠、郑际镛、李祖夔、任望南、宋美扬、虞洽卿、刘鸿生、胡筠秋、蒉延芳、黄任之、陈行、何德奎、徐采丞、陈立廷、郭乐、俞叶封、闻兰亭、尤菊荪、潘序伦、方液仙、胡筠庵、陆伯鸿、朱吟江、张　伯、邹秉文、胡筠籁、孙仲立、冯炳南、杨志雄、冯幼伟、卢润泉、施伯安、蔡无忌、陈霆锐、潘志文、王启宇、徐乾麟、徐致一、徐补孙、沈昆三、朱博泉、吴申伯、奚萼衔、王云五、许秋帆、尹韵笙、袁崧藩、吴启鼎、周守良、秦待时、傅筱庵、李升伯、徐静安、吕葆元、朱静安、赵仲英、朱如山、朱斗文、赵晋卿、严成德、盛苹丞、沈季宣、项绳武、黄首民、荣宗敬、吴蕴初、竺梅先、吕岳泉、潘仰尧、方剑阁、蔡声白、任士刚、姚永励、匡仲谋、蔡正雅、魏文翰、朱学范、柯干臣、张继光、邵景甫、张法尧、王绍贤、潘旭昇、王孟群、项康元、胥仰南、许冠群、邵达人、陆京士、周作民、吴瑞元、陈衡甫、周邦俊、章荣初、胡梅庵、李嘉隆、叶琢堂、刘攻芸、张纳川、席德懋、李觉、宋子安、杨介眉、费祖寿、余永绥、宋松令、刘敏斋、陈建廷、郑源兴、潘祥生、吴星槎、胡厥文、杨管北、娄凤韶、李文杰、吕咸等百余人为委员，负责筹集救国捐事宜。筹募委员会之下设三专职委员会:一、设计委员会。推贝淞孙、唐寿民、王伯元、葛杰臣、王志莘、林康侯、金润庠、穆藕初、汪伯奇为委员,由贝淞孙君任召集人,专司筹募方法之设计事宜。二、保管委员会。推宋汉章、秦润卿、李馥荪、宋子良、唐寿民、徐桴、徐寄庼、钱新之、王延松为委员,由钱新之、宋子良二君任召集人,专司救国捐之保管事宜。三、金属物品处理委员会。推陆子冬、王伯元、郭顺、胡厥文、徐懋棠、胡梅庵、蔡承新、杨志雄、徐采丞等为委员,以陆子冬君为召集人,专司金属物品之处理事宜。

(《上海市各界抗敌后援会》,第506～508页)

28日　参加上海市各界抗敌后援会筹募委员会会议

[本报讯]上海市各界抗敌后援会筹募委员会,于昨日下午二时举行委员会议,到杜月笙、吴蕴斋、秦润卿、骆清华、宋汉章、贝淞荪、徐寄庼、王延松、徐新六、裴云卿、葛杰臣、严谔声、王志莘、蔡承新、汪伯奇、穆藕初、褚慧僧等五十余人。杜月笙主席。议决即日起征募救国捐,委托银行公会、钱业公会、日报公会之各银行、钱庄、报馆代收。同时发表宣言,通过工作纲要,兹录全文如下:

[上海市各界抗敌后援会征募救国捐宣言]

保卫中华民族之神圣战争已于古都揭其序幕,中央当局宣示决心,全国将士奋勇效命。时至今日,有敌无我,有我无敌。五千年之祖宗庐墓,亿万年之子孙命运,均将于此最后关头决其荣辱。吾人如不甘为奴隶,不甘作牛马,不甘永受鞭挞,不甘长被宰割,则在此千钧一发之时机,当有毁家纾难之精神,捐款救国,救国自救。盖现代战争,除精神条件外,必须备具物质条件,备具物质条件而后可以持久,而后可以决胜。序幕既开,抗战到底。敌人一日不去,抗战一日不停;抗战一日不停,捐款一日不止。凡吾同胞,父诏兄勉,输财节用,各尽能力,共救沦亡,黄帝在天之灵,实式凭之。

主任委员:杜月笙

副主任委员:吴蕴斋、秦润卿、李铭、骆清华

委员:宋汉章、陈光甫、宋子良、黄金荣、张啸林、胡笔江、傅汝霖、徐新

六、顾克民、唐寿民、贝淞荪、徐桴、郭顺、金廷荪、王延松、俞佐廷、裴云卿、王伯元、陆子冬、胡筠庄、沈田莘、褚辅成、蔡承新、王志莘、葛杰臣、金国宝、寿毅成、齐云青、陈庆兆、张念萱、裴元鼎、沈莱舟、孙秋屏、叶荫三、郑泽南、周康保、李景彧、劳敬修、王振芳、周仰汶、戴耕莘、沈信卿、李祖绅、王厚甫、丁雪农、奚玉书、林康侯、丁方源、张慰如、金润庠、吴南轩、欧元怀、江一平、史泳赓、汪伯奇、胡政之、崔唯吾、黄伯蕙、管际安、林柏生、蒋光堂、严谔声、徐寄庼、徐立民、曾虚白、穆藕初、叶扶霄、徐永祚、徐静仁、刘聘三、徐懋棠、郑际镛、李祖夔、仁望南、宋美杨、虞洽卿、刘鸿生、胡筠秋、蒉延芳、黄任之、陈行、何德奎、徐采臣、陈立延、郭东、俞叶封、闻兰亭、尤菊孙、潘序伦、方液仙、胡筠庵、陆伯鸿、朱吟江、张炯伯、邹秉文、胡筠籁、孙仲立、冯炳南、杨志雄、冯幼伟、卢涧泉、施伯安、蔡无忌、陈霆锐、潘志文、王启字、徐乾麟、徐致一、徐补孙、沈昆三、朱博泉、吴申伯、奚咢衔、王云五、许秋帆、尹韵笙、袁崧潘、吴启鼎、周守良、秦待时、傅筱庵、李开伯、徐静安、吕葆元、朱静安、赵仲英、朱如山、朱斗文、赵晋卿、严成德、盛苹丞、沈季宣、项绳武、黄首民、荣宗敬、吴蕴初、竺梅先、吕岳泉、潘仰尧、方剑阁、蔡声白、任士刚、姚永励、仲匡谋、蔡正雅、魏文翰、朱学范、柯干臣、张继光、邵景甫、张法尧、王绍贤、潘旭昇、王孟群、项康元、胥仰南、许冠群、邵达人、陆京士、周作民、吴瑞元、孙衡甫、周邦俊、章荣初、胡梅庵、李嘉隆、叶琢堂、刘攻芸、张纳行、席德懋、李觉、宋子安、杨介眉、费祖寿、余永绥、宋松令、刘敏斋、陈建廷、郑源兴、潘祥生、吴星槎、胡厥文、杨管北、娄风韶

[征收机关]

银行:中国、交通、浙江兴业、浙江实业、上海商业、盐业、中孚、聚诚兴、四明、中华、金城、新华、东莱、大陆、东亚、永亨、中国实业、中国通商、华侨、江苏、国华、中国垦业、中南、中兴、通和、中国国货、中国农工、中汇、上海绸业、恒利、中国企业、中华劝工、女子商业、中国农民、浙江地方、四川美丰、江苏省农民、永大、浦东商业、至中、川康殖业、农商、广东、中和、正明、上海市银行

钱庄:敦余、安裕、恒隆、信孚、福源、益大、衡通、慎源、志裕、义昌、赓裕、承裕、仁昶、致祥、征祥、安康、恒巽、和丰、聚康、鸿祥、惠昌、鸿胜、大赉、宝

丰、振泰、庆大、同庆、同余、均泰、滋康、大德、怡大、鼎康、信裕、顺康、元盛、存德、福康、庆成、同润、五丰、春元、衡九、惠丰、滋丰

报馆:新闻、申报、时事、时报、民报、大公、立报、中华、神州日报、大晚报

保管委员:秦润卿、李馥荪、宋汉章、宋子良、唐寿民、徐桴、徐寄庼、钱新之、王延松

[抗敌后援会筹募委员会工作纲要]

一、本会以募集捐款、贡献国家、备供抗敌救国之需为目的。

二、前项捐款定名为救国捐。

三、本会委托银行、钱庄及其他代收机关收受捐款,本会不直接收款。

四、本会推举保管委员组织保管委员会,负责保管事宜,其细则另订之。

五、募得捐款,由本会分别公布。

六、所有捐款,悉数汇呈军事委员会统筹支配。但捐款人及本会得贡献用途意见。至本会办公费另筹之。

七、凡捐款在二千元以上者,得照捐款人之意志,以捐款人名义由本会即专款转呈军事委员会。

八、捐款人或捐款团体一次或连续捐款达一千元以上者,由本会给褒状;三千元以上者,由本会呈请上海市政府给褒状;五千元以上者,由本会呈请国民政府颁给褒状或荣典。

九、本会得斟酌各业情形分订筹募办法。

十、本会得因事实需要,督促各界组织筹募分会。

十一、本会得收受动产不动产及金属物品,经处理后贡献政府,其办法另定之。

十二、本纲要经本委员会通过,送请本会主席团核定施行。

[昨日捐数]

上海市各界抗敌后援会自成立后,即于前日开始办公。市民自动来会,慷慨捐款者极为踊跃,似此爱国输将,争先恐后,民气所在,雪耻可期。兹将昨日上午捐款人姓名、数额依次公布于后:

杨树浦沪东医院职工盛清诚五元,潘企尧、孙谦、李琼思、李亚、薛芝芳

各一元，潘奎山、何莲芳、周雪梅、陈玉珍、刘爱婳、沈电、俞誉梅各五角，蒋淑贤、张五梅各三角，罗秀英、乐迪、邱发生各二角，余梅姊、潘水宝、张茂金各一角；又该院病人马文彩三元，王在清、丁伯华各二元，郑松盛、徐祥源、徐忠縠、白玉山夫人各一元，刘秀英、崔阿龙、陆毛囡、邱竹仙各一角，高兆元、张裕考、杨友权各三角，周继松、蒋阿狗、何五各四角，乔双喜、王宝兴、周青善、唐根全各二角，张文彬、朱惠平、罗尊三各五角。金龙廿元，吴仲坚十元，吴镝章五元，蒋蕴芳、汪延瑛、蒋沈氏、汪蒋氏、汪炜共五元，杨荣笙十元，韩志翔廿元，曹唐氏十元，陈曹氏四元，华国仁十元，汇利面包同人十五元，怡和洋行同人会二百元，同春祥棉布号同人廿元，俞雪亮十元，陈锡圭廿元，陈锡畴十元，曹荣荣五元，黄盘生五元，朱守涝三元，沈海泉、隆顺、广增祥、盈昌东记共四百二十元，许通德五元，安达洋行华账房十元，沈增生十元，周科宁二十元，李老太太、李叠华、李武城共四十元，吴钱氏等十五人三元，蒋伯臣二元，北京路中一信托公司严成德三十元，袁益卿三十三元，严福堂三十元，陈子绳、朱斯煌三十元，王椒升三十元，沈景亮二十元，寿孝天二十元，朱仰安、罗赓培二十元，孙梅林十六元，田我醒十元，朱立基十元，马端甫十元，田幼晖十元，魏兆赓十元，陈肇昌十元，魏筠甫十元，孙汉翘六元，沈廷佩五元，王培基五元，鲁文元五元，胡百艇五元，马少庵六元，潘恩甫五元，李馥棠五元，吴元庭五元，陈承宗五元，蒋仁山五元，何含英五元，贾若川五元，田永源五元，邱瞬田五元，王德堃五元，郑琛宝五元，陈剑秋五元，周文骏五元，严子衡五元，鲁指南五元，俞焕如五元，田乐成五元，朱经奎三元，胡蓉生三元，孙锦文三元，宋增元三元，袁松青二元，田镜波二元，曹翰萱二元，王孑华二元，王孟芳二元，黄希白二元，王振家一元，李启裕一元，范彭令一元，王昌年一元，田时勳一元，沈庆云一元，朱仲衡一元，杨梦飞一元，沈开照一元，钱一民一元，华水潮一元，任连奎一元，镛昌制服公司吴嘉镛十元，宋培安五元，王庆余二元，余云甫二元，潘连根二元，王吉甫一元，蒋仁慈一元，蒋致钧五角，徐兼恩五角，五学徒合一元。

（原载《新闻报》1937年7月29日，
引自《上海市各界抗敌后援会》，第21～26页）

31日　发表《吊南开大学并急告教育当局》

吊南开大学并急告教育当局

民国二十六年七月二十九日下午,我拥有四十年文化先驱历史的南开大学,竟牺牲于从"九一八"之下的"不抵抗"种子所发荣长养出来的凶恶的敌方飞机大炮之下。

报纸还载着,敌机先在南开上空飞翔很久,投一面红旗于南开大学秀山堂楼顶,以此为目标,连续炮击,证明敌方是有预定计划的。

我敢正告敌人,仅你们的凶狠,能毁灭我有形的南开大学的校舍,而不能毁灭我无形的南开大学所造成的万千青年的抗敌精神,更不能毁灭爱护南开大学的中华全国亿万民众的爱国心理。我南开大学现在和未来的师生,只有因此而增进他们的抗敌救国情绪。他们有生一日,定将每日晨起,难以想象某年某月某日这惨酷而壮烈的文化火焰。

我更正告敌人:你们既然有计划的毁灭文化机关,我愿在人类文化大历史上,大书特书,曰:"日本帝国为企图灭亡中华民国,于某年某月某日,用预定计划,毁灭华北著名文化机关南开大学,这是'一·二八'焚烧上海东方图书馆后第二回毁灭文化机关的暴行的铁证。"

依我们所认识,文化的生命同它的价值,是超出政治之上的。今敌人获于政治上的凶欲,有意毁灭南开大学,适足以证明被毁灭者不但在文化上有伟大贡献,致惹起敌人的妒恨,并且他所养成的青年,他们的思想和能力,足给国族前途以重大保障,使敌人发生不容并立的感觉,致出于最残酷的一种手段。在这种意义之下,不惟我南开大学全部师生以及辛苦经营四十年之张伯苓校长,不应有丝毫悲丧,只有加倍奋发,并且足以大大安慰创办人严范孙先生在天之灵。

我南开大学全部师生,我全国爱护南开大学的民众,惟有跃起来合力重创,使南开大学,不惟精神不死,并躯壳亦不灭,我中华民国有一寸土存在,我南开大学存在。

真教育本不在形式而在精神,平时一般人不免有种错觉,见巍峨大厦,才认为最高学府,今大可趁此时机,给人们心理上的纠正。有田一成,有众一旅，可以兴邦；有若干间茅屋，若干条板凳，何尝不可以聚集起来，辩论人类生活的意义，民族兴亡的真理，或者和真实的人生，真实的社会，实际的事务，反较亲切些。这一问题，我愿改日另为文详论一番。

我所急急欲告教育当局的，须赶快用种种有效方法，将各学校教师和学生，从危险地带里救护出来。战事发生，妇女和儿童应优先救护，为是民族种子关系的缘故。教师和受过教育的青年，不是国家的文化种子吗？尤其是受过军事训练的学生们，对国家所负使命，特别重大。今后惨烈的局势，将一步步开展，万不可做无谓的牺牲。我们是预备牺牲的，但是要有意义，有计划，才有价值。诸位先生！诸位青年！我们欢迎诸位，快快走出危险地带，来干共同有效的工作。

我所急急欲献讲于教育当局的，计下列五事：

一、凡危险地带各学校，应令首先将学生名籍和照片设法保存带出。

二、战事发生应指定战区以外较近便，较安全地方，设法集中收容各校教师和学生，尤注重大学和中学。既入非常时期，此费用可从教育费项下非至急者或灭或缓移充之。

三、设法劝导各校教师及学生自动退出危险地带。

四、通知办理救护救济的机关，对于教师和学生须特别重视，首先救出危险地带。

五、凡受集中收容的学生，设临时课程训练之。前方作战，后方须加紧训练，从危险地带出来，予以非常意义的训练，尤为相宜，此点更值得注意。

南开被毁第二日在上海

（录七月三十一日上海《大公报》）

（《国闻周报》1937 年第 14 卷第 31 期，引自《论评选辑》，第 52～53 页）

8 月

1 日　参与呈报启用图记仰祈鉴核备案事

呈报启用图记仰祈鉴核备案事。窃本会于七月二十六日起暂假市商会三楼开始办公，同时自制图记一方，文曰：上海市各界抗敌后援会图记。即日启用，理合检同印鉴纸一份备文呈报，仰祈钧局鉴核备案，以昭郑重。谨呈上海市社会局局长潘。附呈印鉴纸一份。

上海市各界抗敌后援会主席团

杜月笙

张寿镛

金润庠

王晓籁

潘公展

黄炎培

钱新之

童行白

柯干臣

中华民国廿六年八月一日（印）

（《上海市各界抗敌后援会》，第 54 页）

6 日　出席上海市民地方协会第五届会员年会

［本报讯］下午五时，于浦东同乡会出席上海市民地方协会第五届会员年会。到者有穆藕初、王晓籁、钱新之、黄炎培等一百余人。杜月笙主席致词云："本会今日举行年会，适逢极严重国难发生，国人均非常怨愤，此时唯

一应付方法，不尚空谈，埋头苦干，拥护政府，贯彻既定方策，竭力维持地方安宁，使人民无流离之苦。政府一心对外，后方秩序无忧，此即吾人应尽天职，亦为同人夙抱之志趣。”继由秘书长报告会务，通过二十六年七月至十二月支出预算草案，并修正会章。

（《申报》1937 年 8 月 7 日）

9日　出席上海市救济委员会成立会

［本报讯］本市市党部社会局为统筹非常时期救济事业起见，特发起组织上海市救济委员会，负责办理一切。于昨日下午四时假座爱多亚路地方协会举行成立大会，计到潘公展、黄任之、张秉辉、穆藕初、曹志功、蒉延芳、周邦俊、陈良玉、杜刚、杨益蕙、江问渔等百余人。公推潘公展为临时主席，首报告开会宗旨及筹备经过。次即通过届简章并推定委员，主席委员潘公展，常务委员钱新之、潘公展、胡筠秋、庞京周、宋汉章、陆伯鸿、屈文六、周邦俊、周宗良、张嘉甫、郭承恩，秘书处主任秘书毛云书、雷可南、陆厚仁，总务组主任黄润夜，副孙咏沂、曹志功，财务组主任蒉延芳，副秦曙琴、方如槐，收容组主任王伯元，副蔡仁抱、陈惟一，给养组主任穆藕初，副顾馨一、陈济成，遣送组主任杨志雄，副杨管北、周学湘，医药组主任许晓初，副顾南群、丁济万，训导组主任张秉辉，副江问渔、杜刚，警卫组主任姜怀素，副殷冠之、姚曾汉，掩埋组主任陈良玉，副王彬彦、王骏生，监察委员王一亭、虞洽卿、朱子桥、温庆甫、陈炳谦、荣敬修、许秋帆、黄金荣、张啸林、王晓籁、杜月笙、秦砚畦、赵晋卿、陈蔼士、吕岳泉、荣宗敬、熊秉山、徐静仁、林康侯、李仁生、张觉生。

（《申报》1937 年 8 月 10 日）

9日　出席抗敌后援会主席团会议

二十六①年八月九日主席团会议（各会列席附）

到会者：徐佩璜、黄伯樵、沈君怡、王晓籁、屈文六、黄任之、潘公展、杜月

① 此处及全书同类情况皆为民国纪年，即 1937 年。

笙、陶百川、秦润卿、张寿镛、钱新之、潘公弼、吴蕴斋、汪曼云、颜福庆、骆清华、吴开先

主席:潘公展

报告事项

一、交通委员会黄主任委员伯樵报告:

本会组织现分水运、公运、铁运、空运、通信五大部,各部又分小组如下:

水运部:民运、轮舶;

公运部:长途汽车、运货车、专用车、汽车材料、机脚车、脚踏车、人力车;

铁运部:调度、客运、货运;

空运部:客运、货运;

通信部:信鸽、邮务、电话、电报。

以上各项组织,大部分为水陆空三方面,而铁运及空运均已转属军队,故实际上仅陆运得由本会主办。故公运部原拟购车一百四十四辆,兹以费用较巨,故改购为租。现已租得二吨半以上大号卡车五十辆,每日计费二十元,先订合同一个月,计费三万元,除一万元由市政府负担外,本会应负担二万元。业已订立合同,定今日起实行,如故(果)成绩显著,将来可扩充为贰百辆。

水运方面,大部已供军队之用,将来能否供本会之用,现尚未定。

二、救护委员会颜主任委员福庆报告:

目下上海方面救护事宜,除本会组设救护委员会外,中央方面亦有是项组织。现为集中力量起见,拟双方加聘,俾得集中力量,减少靡费。

救护方面,现已组成八队,每队可支配伤兵一千人,将来如果需要,尚可继续设法增加。上海方面拟设立二个伤兵医院,一为清凉寺,一为正始中学。真如方面由东南医专设包扎处,大场方面由同俭(济)医专设包扎处。将来事实上需要,更拟在嘉兴、无锡二处继续设立。

目下上海保安队并无医药设备,故亟宜设法。

三、筹募委员会骆委员清华报告:

明日起由市商会分四批召集各同业公会谈话,推定筹募人。

金银物件由宝成、方九霞、老凤祥三家代收。

明日起排定无线电播音时间。

必要时，请主席团招待各方谈话。

四、技术委员会沈主任委员怡报告：

组织方面，分木工、机械、电气、化学四大类。化学方面又分毒气、子弹、地雷等小组。均以吸收领袖人为干部，再由干部召集原属人员，工作比较收效宏大。

五、救济委员会潘主任委员公展报告：

本会俟合并开会后再行报告。

六、秘书长报告：

防护委员会主任委员李骧骐公忙，尚未召集成立会，现拟请副主任陈泽光召集。

讨论事项

一、交通委员会请拨公运车五十辆一个月，本会应负车租贰万元案。

决议：照准。由供应、救济二方面各拨壹万元。

二、救护委员会请拨三万元以应急需案。

决议：照拨叁万元。

三、救护委员会副主任庞委员京周辞职案。

议决：照准。改推翁委员之龙继任，并加推副主任一员，请俞委员松筠担任。

四、供应委员会主任钱新之来函以专办救济工作请予辞去主任委员一职案。

议决：照准。改推王委员晓籁继任。

五、救国捐征信应如何揭示案。

议决：暂照常例，登报公告。

六、杂粮业同业公会函请设法疏通金融案。

议决：转商银行、钱庄两公会。

七、救济委员会潘主任委员公展请先拨一万元办理留日学生回国及其他工作案。

议决：先拨壹万元。

八、银行业同人认捐叁拾万元应如何督促实现案。

决议:请钱委员新之先行接洽。

主席潘公展(签字)

(《上海市各界抗敌后援会》,第91～93页)

10日　在浦东大厦出席抗敌后援会主席团会议

二十六年八月十日主席团会议(在浦东大厦)

出席者:王晓籁、张寿镛、陶百川、黄任之、金润庠、柯干臣、汪曼云、潘公展、杜月笙、钱新之。

主席:杜月笙

纪录:汪曼云

报告事项

一、今日召集会议之原因。

二、上海福拜洋行(美商)主人联合该行华洋职员采购良马二十余匹捐赠本会,秘书处业与司令部接洽处理办法,并已决定运送苏州八十七师应用。

三、时局严重,各方欲探知消息者甚众。各特种委员会主任委员与本会虽有密切,而各执行委员及监察委员暨各特种委员似少联络,确有亟谋补救之必要。

讨论事项

一、本会执监委员及特种委员应如何取得联络互通消息交换意见案。

议决:A.举行座谈会;B.交陶秘书长计划办理。

二、周邦俊先生建议拟由本会筹备救护车一辆,装置短波收发机,随同中国红十字会救护中队开赴前线,以为探听消息之用。

议决:函谢。

三、吴淞江湾沪北等区域各机关团体联合办事处以防卫工作经济艰难函陈经过请求救济案。

议决:拨助二千元。

四、黄任之先生提议由秘书长函请各特种委员会加紧工作,并各限于三日内将办理情形报告到会，以资预为准备统盘筹划案。

议决：由秘书长负责办理。

五、防护委员会工作应如何督促加紧工作案。

议决：A.加推二副主任；B.一推救火会毛子坚，一由保卫委员会推派。

（《上海市各界抗敌后援会》，第93～94页）

11日　发表《力》

力

顷者，庐山召集谈话会，余因妻病，匆匆飞归，不及出席参与。然尤得读汪先生十六日谈话会的引论，和蒋先生十七日关于卢沟桥事件的演词。既读毕，情感奋发，不能自已。愿对全国读者，略略发挥余的意见，借应蒋先生演词末节“回到各地将此意转达社会”的谆嘱。

关于卢沟桥事变，蒋先生提出原则四点：（一）任何解决，不得侵害中国主权与领土之完整。（二）冀察行政组织，不容任何不合法之改变。（三）中央政府所派地方官吏，如冀察政务委员会宋哲元等，不能任人要求撤换。（四）第二十九军现在所驻地区，不能受任何约束。此是最低限度。如此，“只有拼民族的生命，求最后的胜利。”这就表示政府对此事件，已确定了始终一贯的方针，从演词中所表现的态度，何等明白！何等坚决！

试以汽船为喻，汽船两大基件：（一）罗针，（二）汽机。罗针就是国策，汽机就是国力。今者，国策定矣。今后问题，乃不在罗针而在汽机。质直说来，就问今后国力怎样？汪先生引论“卢沟桥事变突发，危急情形，更加严重。根本方法，仍是精诚团结。将是全国心力物力镕成一片，才可以抵抗强敌，自救危亡”。今后问题就在如何才得将全国心力物力镕成一片？民二十五年，两广之役，西安之变，两者未尝不足表现出国人已能珍惜其仅有的人力物力，而不欲浪掷。而我仍不免鳃鳃顾虑者，乃不在力之用，而在力之体。不在力之误用与否，而在力之分量如何使之够用。吾人须认定何谓国力？国力就是一国中人力与物力二者之总和。若一方以国策既定之故，将在某种限度以内，起而与人决斗，因而力求加强其国力，而一方则未能增进一国之人力与物力,或且从而斩削之,此恶乎可!

壮丁训练,殆遍全国。诚应付国难最切要工作之一种。虽然,吾行内地,窃不胜其隐忧。盖合格壮丁之数量,殊未能如所预期也。合格壮丁哪里去了?死于火,死于水,死于疫疠,死于乱,死于兵役,而尚且两大致死之途:

其一,死于杀人的机械。我行内地,农村生计,从前莫不持有副业,主要就是纺织。入内地愈深,此风愈普遍。三十年来,几乎完全打倒了。一般人说:机械工打倒手工,这是必然的结果,这是不可抗的天演公例。唉!同胞千万人生命,我中华一大半国脉,就葬送在这似聪明而实昏聩一语之下。各国以大量生产品,抑低其价格,来和我贸易,甚至利我原料之丰富,工价之低贱,来我国设厂制造,就地推销,而绝不顾及我手工业所受影响,乃真是帝国主义对次殖民地的行为。若以自家人,但知提倡机械工业,而绝不深思熟虑,整个计划到机械工业发达以后,平民生计之如何补救,乃是清末幼稚的实业家思想。与欧战时期吾国一般企业家根据他们卑狭的私人殖产主义,发出的行动,至少适足以代表他们没有政治的热忱、见解和能力。人或以手工业为终不可扶植乎?不然!不然!夫机械工业之必须提倡,是无用迟疑的。为何不一方提倡机械工,一方改进手工呢?其方法:(一)着眼于各地广大民众所从小的手工业。(二)着眼于广大民众所服用的物品。(三)着眼于大量制造的原料,而优先将手工与机械工发生直接冲突部分计划改良。试举一二为例,如新式交通器与人力交通器。仅就吾旅行所发见的,一经比较,大有改进之必要与可能。其间虽不无适应地方特殊状况之要求,然其大部分只出于习惯的拘束。大可举行一全国交通器展览会。同样手工,何种式样为效能较高。同是半机械,何种式样为成本较轻,而又各不背于地方特殊状况之适应。研究结果,以其最优胜者制样令各地仿行。今各省公路已长足发展,而交通器之改良,尚未与公路线之延长同其速率,非合理也。又如前文提及纺织工具,一部分对外推销的货物,诚须大量生产,价廉物美。其一部分销于内地者不然。内地一般人民心理,虽亦求"廉",而实非汲汲于求"美"。纺织工具,虽系手工,亦仅多增加产量,改良出品的余地。例如织机已盛行拉梭,而边省仍是丢梭。我在陕西四川亲见之。纺织已由一缕三缕进于十几缕乃至二十缕，而尚未通行。尝为内地各省建议，大可在施行统制政策之下，将大量生产的精美机制品，向外推销，而保留民间一般手工纺织而成的专销内地，自给自足。同时将纺织工具切实改进，此在社会经济上何等合算！读者勿以吾所建议为不合非常时期需要，这确是培养国力持久抗战的根本方案。

人民还有一条死路，就是死于急功好名的地方官吏。行政的原则，在乎张弛得宜。所以古人的政治评论，有“一张一弛，文武之道”这句话。从前政象，病在弛而不张，今则病在张而不弛。自国难严重，谋从行政上加强力量，此减必要。而一般地方官吏，窥见长官方在励精图治，一令之行，规定程限，则不惜缩短程限以为能。或有少数区域，发见事实困难，决不敢据实上闻，只教全力推行，以求免过。凡用民财，或用民力，有规定程限而超过之者。有不规定程限而尽量推行，不问人民能否负担者。国难至此，确有若干方面，国与民双方利害不无冲突处。然主张国利，总须选取最急要部分。牺牲民利，总须降抑到最小限度。三五年来，在有意无意间，给人民以不少分外与限外的苦痛。恰如著名优良学校，每一教师，丰富其教材，严厉其督课，求成绩的惊人，而学生体力脑力两蒙损害了。今后行政，每发一令，必须规定施行方式，凡有下情，许其上达。而最要在告诫地方官吏，使知爱护民财民力，不得率意思增加负担。

因缺乏爱民的思想，随处发生扰民的事实。试举一事，禁种鸦片，各省规定期限。不禁即种，禁即不种，皆寓绝对硬性。客自由贵州来者，述该省种烟，限至民二十八年禁绝。最近京滇周览团过境，地方官吏，以种烟恐见恶于来宾，乃下令就公路两旁若干里内，一律砍除。于是地方倚种烟为生的一部分民众，苦痛得不了。夫种烟诚非美政，然既许种，而且不许不种。此一年间，既成为地方一般农民养命之源，而乃猝然悉数砍伐，以求避免来宾耳目，此事如确，适足表示他们只知顾全自己声名，不惜人民生命到这般地步。吾问团员途中闻此事否？答：在贵阳附近确曾闻之。

两个月前，游江西大庾，该地钨砂，民二十(年)以前，老司马秤一百一十斤作一百斤，价四十大圆，自由买卖，其后粤军统制，磅秤一百斤给毫洋四十圆，民二十五(年)，资源委员会统制，大秤一百斤，给价法币二十七圆低至二十四圆不等。此项钨砂,多由工人自力采掘,价既步跌,因此工人生计大受打击,无所告诉。此据地方人士云云。铁砂统制,为吾人所主张,其作用在限制对外销售。若因统制之故,抑低市价,夺商人之利以归国,亦尚不失为一般政策,若因此损失工人生计,窃以为不宜。我非敢断定所传完全事实,然甚愿一般主持统制工商业者,随地随物,其定价皆须以不损害及农工生计为准。因吾人承认民力即国力。爱惜一分民力,不啻储蓄一分国力。

凡贪官污吏以及地方土劣,皆在必须肃清之列。何以故?因为他们剥削公众之利以为私利。与培养一般民力,储成国力的主张,绝对不能相容。不惟民众的蟊贼,亦是国家的蠹虫,非肃清不可。

我尝说:怎样救国?须人人把自己所有力量,不许有一些私藏,也不许有一些浪费,须完全贡献给国族生存必要的工作上。今愿补充一语,同时不许非法损害任何人所有体力和财力,除却耗用在自己生存需要以外,让他尽量地好好储蓄,到必要时,完全征发起来为国家用。

吾人不必问时局如何变化。吾人努力的程度,与其方式,不因时局的变化而变化。吾人深信敌人对我忽而压迫,忽而和缓,从压迫中伸张一步努力,又因和缓更得更进一步的伸张。鞭笞一下,抚慰一下,此种策略,殆将延长到我国全部灭亡为止。我既识破此诡计,惟有根据既定国策,不问和缓与压迫,一超过最低限度,立即与之拼命。我草此文时,尚未悉七月十九日签字内容的真相。我惟希望全国上下,快从“力”字上用工夫。无论人力和物力,消极说来,苟非必要消耗,减省一分算一分。积极说来,训练以加强人力,生产以加厚物力。此训练和生产,须努力到大战前一分钟为止。苟为事实所许,前方作战,后方还须不断地从事训练,从事生产。

全民总动员乎!忽思及几位斗士,即被羁受鞫中之沈钧儒等,甚愿政府以适法的手续,及早回复他们自由,利用其二百余日的休闲所养成的精力,来加入全民战斗。

此文载七月廿五日《大公报》 今略有修正。

著者志

(《国讯》1937年第171期)

13日　被国民政府聘为国防会议参议

日军侵上海，淞沪战事起。先生被国民政府聘为国防会议参议。同时被推为上海市抗敌后援会主席团主席。自是往来于京沪间者九次。

（《黄炎培年谱》，第120页）

13日　出席抗敌后援会主席团会议

二十六年八月十三日主席团会议

出席者：王晓籁、杜月笙、黄任之、钱新之、陶百川、吴开先、金润庠

主席：王晓籁

讨论事项

一、到前线路由及领取通行证手续应如何办理案。

决议：推陶百川、陆京士二先生接洽。

二、交通委员会主任委员黄伯樵先生因事繁不克兼顾恳请辞职案。

决议：慰留。并加推包可永先生为副主任。

三、本会筹募委员会为工作便利起见，拟简称为上海市救国捐筹募委员会，并以本会主席团参加为当然委员以利进行，是否可行请公决案。

议决：通过。

四、慰劳前方将士案。

议决：通过。

五、函请商会督促各同业公会迅即推定筹募委员人选案。

议决：照办。

六、救国捐如经捐款人指定用途者（如救济救护等）本会得径予照办案。

议决：通过照办。

七、呈请中央发行救国券案。

议决：通过。

八、粮食店时有停止营业有碍民食，应如何救济案。

议决：应函请商会劝告、社会局命令复业，不得居奇。

主席王晓籁（签字）

（《上海市各界抗敌后援会》，第94～95页）

13日 于大中华电台演讲募款宣传

[本报讯]上海市抗敌后援会为筹募款项，特请名人于八月十日起在各电台播音演讲。兹将该会筹募宣传委员播音演讲轮流表录之于左：

播音人	播音日期	时间	电台
吴蕴斋	八月十日	下午三时三十分起至四时止	上海
秦润卿	八月十日	下午二时起至二时二十分止	华美
王晓籁	八月十日	下午一时四十分起至二时止	大中华
宋汉章	八月十日	下午四时起至四时二十分止	中西
陈光甫	八月十一日	下午三时三十分起至四时止	上海
宋子良	八月十一日	下午二时起至二时廿分止	华美
黄金荣	八月十一日	下午一时四十分起至二时止	大中华
张啸林	八月十一日	下午四时起至四时廿分止	中西
胡笔江	八月十二日	下午三时卅分起至四时止	上海
傅汝霖	八月十二日	下午二时起至二时廿分止	华美
徐新六	八月十二日	下午一时四十分起至二时止	大中华
顾克民	八月十二日	下午四时起至四时廿分止	中西
唐寿民	八月十三日	下午三时卅分起至四时止	上海
贝淞荪	八日十三日	下午二时起至二时廿分止	华美
徐　桴	八月十三日	下午一时四十分起至二时止	大中华
郭　顺	八月十三日	下午四时起至四时廿分止	中西
金廷荪	八月十四日	下午三时卅分起至四时止	上海
王延松	八月十四日	下午二时起至二时廿分止	华美
俞佐庭	八月十四日	下午一时四十分起至二时止	大中华
裴云卿	八月十四日	下午四时起至四时廿分止	中西
沈田莘	八月十五日	下午三时三十分起至四时止	上海
王志莘	八日十五日	下午二时起至二时二十分止	华美
郑泽南	八月十五日	下午一时四十分起至二时止	大中华
戴耕莘	八月十五日	下午四时起至四时二十分止	中西

沈信卿	八月十六日	下午三时三十分起至四时止	上海
李祖绅	八月十六日	下午二时起至二时二十分止	华美
奚玉书	八月十六日	下午一时四十分起至二时止	大中华
林康侯	八月十六日	下午四时起至四时二十分止	中西
吴南轩	八月十七日	下午三时三十分起至四时止	上海
欧元怀	八月十七日	下午二时起至二时二十分止	华美
江一平	八月十七日	下午一时四十分起至二时止	大中华
童行白	八月十七日	下午四时起至四时二十分止	中西
严独鹤	八月十八日	下午三时三十分起至四时止	上海
潘公弼	八月十八日	下午二时起至二时二十分止	华美
黄任之	八月十八日	下午一时四十分起至二时止	大中华
汪伯奇	八月十八日	下午四时起至四时二十分止	中西
王芸生	八月十九日	下午三时三十分起至四时止	上海
陈克成	八月十九日	下午二时起至二时二十分止	华美

附注:一、各电台地址如后:

1. 上海电台:江西路三二三号

2. 华美电台:南京路五六五号

3. 大中华电台:南京路五九九号

4. 中西电台:福州路三一三号

二、播音时间已与电台商定,务请准时前往播音,以免妨碍其他节目。

三、播音人以劝募救国捐为中心宣传,请以本会发印之征募救国捐运动宣言及各种条例为参考材料。

(原载《大公报》1937年8月13日,
引自《上海市各界抗敌后援会》,第207~210页)

14日　在国际饭店出席抗敌后援会主席团会议

二十六年八月十四日主席团会议(在国际饭店)

出席者:张寿镛、潘公展、柯干臣、钱新之、杜月笙、黄任之、陶百川、金润

庠、汪曼云

主席

报告事项

一、秘书长陶百川先生：

A. 本会本来在市商会办公，现以市商会因战事关系迁至宁波同乡会后，本会乃亦迁移至贵州路慈淑里人事咨询所。惟以该所地位太小，不敷办公，故现又决重迁至福煦路六十三号同义中学继续办公，该处电话为八一三二九。

B. 昨日曾商及慰劳问题，一方面已由地方协会办理，一方面拟办公开征集所。拟征集之慰劳品计分三种：(1)饮食品。(2)医药品。以上二种希望捐钱，由会代办。(3)服用品。另设十一个征集处，每处派童子军十人、本会职员二人。

C. 据黄伯樵先生电告，前方需粮食及医药品。

二、黄任之先生：

A. 日人表示，关于苏州河以北、北西藏路以东及界路以南，于必要时应由工部局放弃，以便应用。我人应密切注意，并预为准备，以免为敌人窜扰我后方。

B. 日人通知各领事馆，拟对有恒路、汉璧礼路及鸭绿路三路断绝交通，以便于该处埋藏地雷。而工部局方面，据闻或予以许可。

C. 我外交部通知各国领事，居住于杨树浦一带之外侨应予退出。

D. 日人通知各国领事，日机即将出动。

讨论事项

一、上项有关军事之报告应即抄送邢处长，以便转陈军事当局以备参考而致警戒案。

议决：照办。

二、本会支付救护救济各特种委员会款项应如何报销案。

议决：本会支付各特种委员会款项，即凭正副主任收条作为报销根据。

(《上海市各界抗敌后援会》，第95～96页)

17日　应邀参加国防参议会在南京举行的第一次会议

国防参议会今日在南京举行第一次会议，应邀参加。

（《黄炎培年谱》，第120页）

17日　在中汇银行出席抗敌后援会主席团会议

二十六年八月十七日主席团会议（中汇银行）

出席：黄任之、潘公展、王晓籁、钱新之、杜月笙、陶百川、吴开先、汪曼云

主席：杜月笙

报告事项

一、陶秘书长：

A. 致蒋委员长及张文伯、张向华二司令电已发出。

B. 救护委员会在租界内伤兵医院共计六个，目前尚敷应用。

二、王晓籁先生：

A. 供应委员会工作，现在做到要什么就供应什么，似乎差堪告慰。

三、黄任之先生：

A. 战争在我方认为极有把握。因为，1.士气极盛；2.地势极佳；故希望大家把希望放长，毋太急切。

B. 前方现在所需要者为粮食、车辆、汽油，是以拟将慰劳品停止征集改征慰劳金。

C. 吴蕴垒先生捐汽油五百加仑。

四、杜月笙先生：

A. 吴瑞元先生又捐公债五万元作为救国捐，并指定二万五千元为救护伤兵之用，二万五千元为救济难民之用。

B. 海格路有空地百亩，上搭席棚，即可作为收容所，并请救护委员会备考。

五、潘公展先生：

A. 上海市政府已决定拨发十万元，四万为救护之用，六万为救济之用。

讨论事项

一、伤兵医院实际情形每多隔阂，似应派员视察俾明实况案。

议决：应随时派员视察。

二、救护委员会规定经费尚有四万五千元存储本会,应否即予拨给案。

议决:暂缓拨付。

三、人民以不动产向银行押款作为救国捐,是否可行仰祈公决案。

议决:似属可行。但仅能以划款为限,不得押抵现金。

四、输送伤兵伤民之汽车,每为捕房留难,应如何交涉案。

议决:推请杜月笙先生与捕房接洽。

五、华北战事捷报频传,我国空军勇猛英烈,本会应否有所表示案。

议决:电慰。

六、《泰晤士报》态度恶劣,且每捏造事实扰惑听闻案。

议决:除予以停止邮寄外,并另筹有效应付办法。

七、播音电台应如何划一宣传而收统制案。

议决:推请吴开先先生召集该业谈话。

八、前方战士亟须战事刺激及后方情形之介绍,拟编刊《战报》以为休息时之阅读刊物,请求予以津贴案。

议决:每月津贴一千五百元,分三期付款,以十日为一期。

(《上海市各界抗敌后援会》,第96～98页)

20日　致函前线抗日国民革命军

穆藕初与杜月笙、黄炎培等代表浦东同乡会致函前线抗日国民革命军,原函如下:

敬启者:此次抗战我军连日大胜,全赖将士精诚热力,地方之幸,国家之光。我浦东尤仰贵部抗战有方。本会同人谨代表民众,实深感谢。兹推理事顾文生、贾锦芳等带戋戋物品,即请察收,分赠同袍,聊表慰劳微意。专此敬颂勋安。

浦东同乡会常务理事杜○○、穆○○、黄○○、沈○○、吕○○同启,八月廿日

(底稿,《浦东同乡会档案》,引自《穆藕初年谱长编》,第1153页)

20日 报告救国捐

二十六年八月二十日主席团会议

出席者:杜月笙、黄任之、潘公展、金润庠、柯干臣

列席者:吴开先、陶百川、沈怡、徐永祚、汪曼云、庞京周

主席

报告事项

一、徐永祚会计师:

甲、救国捐截至十九日止,共收国币231,937.24元,公馈5,100.00元,英金半镑。

乙、关于各项征收办法,略具意见如下:

A. 银钱、外币、公债、硬币概归银行。

B. 银器概归银楼。

C. 物品归后援会指定之征收场所。

D. 指定捐款,除必要者外准予拨转。

E. 即速召集保管委员会。

F. 征信广告,五元以上刊登姓名,五元以下另刊征信册。

二、庞京周医师:

A. 救护床位原预备3,040只,现有伤民共1,068名,伤民368名。

B. 伤兵医药给养每名每天计一元五角,现有总数每天应700元。

C. 汽车每天400元。

D. 职员膳食每人每日四角,共四百人,计160元。

E. 治疗用品每天150元。

F. 总会办公费每天200元。

G. 队员出发四百人,共2,000元。

H. 开办费。

I. 救护委员会所用纱布棉花15,000元。

三、江一平:

A. 伤兵进租界,工部局已允许。但不能携带武器,于医好后亦不得再

出租界。惟此点工部局将提出领团讨论。

讨论事项

一、供应委员会提前支款项业已供应用罄,请予拨十五万元以便继续工作案。

议决:准予向中汇透支十五万元。

二、关于徐永祚会计师所拟乙项报告意见应否采纳案。

议决:应予采纳照办。

(《上海市各界抗敌后援会》,第100～101页)

22日　在中汇银行出席抗敌后援会主席团会议

二十六年八月二十二日主席团会议(中汇)

出席者:杜月笙、潘公展、王晓籁、钱新之、黄任之、金润庠、柯干臣

列席者:吴开先、陶百川、骆清华、徐永祚、汪曼云、庞京周

主席

报告事项

一、徐永祚会计师:

A. 八月二十一日共收救国捐95,241.46元。

B. 至八月二十一日止计收:

1.公债46,490.00元,2.银角1,000角,3.英金1/2磅(镑),4.存折存单390.57,5.广东双毫5.00,6.日圆1元16钱。

C. 总计410,766.26元。

二、柯干臣先生:

查防护委员会成立迄今,既未能召集会议,而工作亦一无表现,且该委员会工作处于现在环境之中已无从开展,与其虚存,毋宁裁撤。请于讨论时研究。

三、庞京周医师:

A. 现有伤兵为1,325名,又伤民305名。

B. 关于治愈伤兵如何输送,现正与后方接洽中。惟后方办事处意思,拟由红十字会办一疗养院,顾以格于经济,恐难办到。故现已请示军医署伤

兵管理科。

C. 上海伤兵每日食粮约计二角五分，较诸南口之每日一角优越远甚。

D. 各团体或个人要到各医院慰劳服务，流弊殊多，似宜予限制或改善，最好于每三天红十字会送慰劳品时随同出发。

讨论事项

一、拟就本会设计委员会正副主任及委员名单请公决案。

议决：A. 沈钧儒为该会正主任，郭沫若、杨德昭、林康侯、彭文应为副主任。

B. 邹韬奋、吴经熊、王造时、钱俊瑞、章乃器、陆鼎揆、史良、章益、夏晋麟、刘湛恩、胡愈之、史国纲、梅龚彬、沙千里、李公朴、李干、张家民、杨东尊、孙寒冰、钱亦石、冯和法、左舜生、毛家驹、许性初、袁业裕、周尚、郑通和等为设计委员会委员。

二、再呈军委会及呈财政部可否准予动用救国捐款为供应救济救护之用，并准换发救国公债案。

议决：电呈候核。

（《上海市各界抗敌后援会》，第 102～103 页）

23 日　收到国民革命军陆军第五十七师副官处复函

国民革命军陆军第五十七师副官处复函杜月笙、黄炎培等常务理事，云："顷奉敝师长交下贵会大函，并送慰劳物品，足见盛情。此次暴日犯我国土，军队守土有责，远慰承注，殊为感谢。特复即请查照为荷。"

（原件，《浦东同乡会档案》，引自《穆藕初年谱长编》，第 1153 页）

23 日　在中汇银行出席抗敌后援会主席团会议

二十六年八月二十三日主席团会议（中汇）

到会者：杜月笙、王晓籁、钱新之、柯干臣、金润庠、黄任之、吴开先、陶百川、徐佩璜、徐永祚、汪曼云

主席

报告事项

一、徐佩璜先生：

A. 京沪警备司令部公路管理处业已组织，张司令并着本人主持其事。该处办理：1.征调；2.材料；3.输送。且设有后方办事处办理：1.总务；2.材料；3.修理等工作。所有工作概由各机关调用。

B. 1.汽油已准备二万加仑；2.材料正在收集；3.修理已在着手；4.后方工作尚未着手进行。

C. 前订200辆汽车合同，兹将支配情形报告如下：1.红十字会16辆；2.救济委员会20辆；3.地方协会19辆；4.八十八师5辆；5.宁波同乡会5辆；6.军事委员会夏专员10辆；7.第一批50辆(计保安队20、淞沪司令部15、警察局15)；8.公用局60辆(如何支配在调查中)。

D. 据闻前方拟租用小客车30辆。

二、徐永祚会计师：

A. 昨日征收：1.国币2,362.54，2.硬币银角305角，3.有价证券、公债1,000.00，4.存折存单13.00。

B. 累计：1.国币414,457.13，2.硬币银角1,305角，3.外币：甲、英金1/2磅(镑)，乙、日元1元16钱，4.有价证券(公债)47,490.00，5.存折存单403.57，6.广东双毫5.00。

三、陶秘书长：

A. 依照庞金周先生的意思，本会救护救济工作，因格于各种环境关系，拟对工作区域略定范围。

B. 各种抗敌后援团体纷纷组织，因对本会工作不甚明了，致时有隔阂之批判，甚或竟以盲目之攻击。兹为使各方对本会一切有所了解及认识起见，拟于明日下午三时在上海联欢社召集各方举行谈话会，业已发出请柬，系以全体主席及吴开先先生暨本人名义出名邀请。并希望各特种委员会由主任拟具简明之工作报告，尤希望于数字之提示，以便于举行谈话时提出报告。

讨论事项

一、本会经济支付应否设立审计处以便稽核案。

议决:函请胡蕴庄先生及上海审稽处推派代表,会同徐永祚会计师,于主席团下组织稽核处。

二、交通委员会报告领到汽车人工修理材料汽油等预算计国币洋306,200.00元应请追认案。

议决:通过。

三、交通委员会前雇车辆费用请即拨付案。

议决:准予先拨一部分,计洋一万二千元。

四、各特种委员会收支应如何汇集以便入账案。

议决:限期报账,否则停止付款。

(《上海市各界抗敌后援会》,第103～105页)

24日　收到国民革命军第五十五师司令部李松山致函

国民革命军第五十五师司令部李松山致函浦东同乡会常务理事,全函如下:

月笙、藕初、任之、梦莲、岳泉诸先生大鉴:敬复者,承派代表诸君来师,奉惠函暨犒品多种,拜领之下无任感奋。此次全民族之抗战开始,亦正我军人牺牲报国之时,杀敌守土,责无旁贷。辱承奖饰,愧不敢当,余将犒品分发并转达盛意外,谨率全师官兵敬致谢意。专此布复,顺颂道绥。

李松山顿首,八,廿四

(原件,《浦东同乡会档案》,引自《穆藕初年谱长编》,第1154页)

24日　由抗敌后援会主席推定为主席

[本报讯]本市各界抗敌后援会,为报告工作征询意见,借便推进后援工作起见,爰于廿四日下午,召开业务团体代表谈话会。计到有市商会、地方协会、红十字会、青年会、文化救亡协会、教育界战时服务团、妇女慰劳前线

将士会上海分会、童子军战时服务团等代表五十七人,由后援会主席团推定王晓籁、潘公展、黄炎培为主席,先由王晓籁致开会词,并报告后援会组织及工作概况。继由各委员会代表报告,计骆清华报告筹募委员会已牧(募)捐款五十七万元,连各同业公会认捐未缴之数,总计在一百万元以上,此款将全部汇交军委会,至后援会本身经费,则另行筹备云。金润庠报告供应委员会,已供应物品约十余万元,已订购物品约十一万元,捐输品仅麻袋一项已有十余万只。潘公展报告救济委员会已设收容所一百廿九个,收容难民四万三千八百余人,连各同乡会所办共收容十万数千人,月需给养输送等经费约十二万元,限于目办者现正设法遣送回籍。庞京周报告救护委员会已设伤兵医院一十余处、野战医院一所,合计病床三千三百张,月需经费九万余元,以后每增一伤兵仅医药及伙食两项,每人每日约需五角。现在战线扩大,病床渐感不敷,甚望各界援助。徐佩璜报告交通委员会已供给卡车二百余辆,并供给汽油数万加仑。继山童行白、朱学范等报告宣传委员会、技术委员会及战事智识讲习所等工作颇详。各委员报告毕。由教育界救亡协会代表章益报告该会组织及工作情形,并主张各团体密切联络,俾免工作重复,且上海为全国经济文化中心,应领导全国作后援工作云。文化界救亡协会代表胡愈之报告该会从事国际宣传情形,各妇女团体代表金光楣、黄定慧、胡兰畦等报告已推动献金运动、缝纫运动,及举办救护训练受训者达千余人。继由王造时、邹韬奋及潘汉年等继起发言大致主张,各救亡团体须向后援会登记并呈报会员及职员名册,以便分配及调整工作,同时后援会须指定时间及地点与各团体代表发生经常联系,而各团体每两星期须将工作情形,用书面向后援会报告一次云。末由主席领导全体代表为殉国将士及死难民众静默三分钟志哀,议毕散会。

(《申报》1937年8月26日)

25日 在中汇银行出席抗敌后援会主席团会议

二十六年八月二十五日主席团会议(中汇)

到会者:杜月笙、王晓籁、张寿镛、金润庠、柯干臣、潘公展、童行白、黄任

之、徐佩璜、沈怡、陶百川、汪曼云、骆清华、徐永祚、颜福庆

主席

报告事项

一、徐永祚会计师：

A. 二十三日救国捐结计：

捐款种类	本日共计	本日累计
甲. 国币	158,437.85	572,894.98
乙. 硬币	银角 580 角	1,885 角
丙. 外币		英金 1/2 镑
	日金 10 元	日金 11 元 16 钱
丁. 证券	公债 100.00	公债 47,590.00
戊. 存款	116.54	520.13
己. 粤毫		5.00

B. 二十四日

甲.	107,486.35	680,286.73
乙.	银角 18 角	1.903 角
		英金 1/2 镑
丙.		日金 11 元 16 钱
丁.	公债 172,081.20	公债 219,671.20
戊.		520.13
己.		5.00

C. 个人捐款之最多者：1.程辅仁、印午、庸畴合捐 50,000 元，由顺康庄代收；2.吴瑞元戊种公债 150,000.00 元；3.徐懋棠、懋昌 20,000.00 元。以上 2、3 二户由中汇代收。

二、黄任之先生：

A. 本会为团结抗敌力量并交换意见起见，特于昨日召集各团体代表举行茶话会。到会者七十余人，空气紧张，精神极佳，且代表对本会过去工作尤表满意。并于该谈话会之机会中得悉，各团体为应付这非常时期，都已组

织起来了。如:1.教育界有战时服务团之组织;2.文化界有救亡协会之组织;3.妇女界有上海妇女慰劳前线将士委员会之组织。惟综合大家意思,以青年尚无组织,不无遗憾,拟由本会发起登记,予以组织,以厚抗敌力量。

三、颜福庆博士:

A. 昨夜有本会救护队前往大场救护受伤之我国飞机师,路经罗店,适遇日军,我医师一人当场被击毙,女护士二人受伤。

B. 本会救护工作,在上海有二十四个医院,收容伤兵三千。到今日为止,已有卧在地板上矣,所以对此后来者,实将无法收容。

C. 本委会开办费:

品名	数量	单价	合计
救伤包	100,000	0.09	9,000
担架	500	4.00	2,000
急救囊	100	2.00	200
医疗囊	50	50.00	2,500
器械			20,000
杂件			3,000
破伤风抗毒素	5,000	2.40	12,000

总计48,700元

(此款已由红十字会负责)

……

四、黄任之先生:

上项车辆地方协会可以受托代征。

五、徐佩璜先生:

A. 地方协会既愿受托代征,甚好。惟征得后仍须交由交委会转拨,俾得划一事权而资统制。

B. 兹为将实际需要,拟向脚踏车业同业公会及人力车同业公会租借车辆,现拟就合同草约各一纸,请予签署,以便进行。

六、杜月笙先生：

松江县政府来电，嘱为收容难民，已在办理。

讨论事项

一、日军残忍酷虐，不顾国际公法枪杀我救护人员，本会如何表示案。

议决：由中国红十字会会长王儒堂先生办理。

二、各救护及特约医院原定床位业已满额，应如何办理案。

议决：1.能向苏州后方医院输送者应尽量输送；2.于必要时增设床位或医院，但不得超过每人每日五角（包括伙食、医药之原则）。

三、拟就伤兵医院经常各费预算请核议案。

议决：通过。惟须除去红十字总会应负担之壹万叁千元。

四、前雇小汽车三十辆代垫之款计洋伍千元请予拨还案。

议决：准予拨还。

五、文化界救亡协会出版之《救亡日报》因经济艰难请求津贴案。

议决：未便照准。

六、本会各项亟待考核应否派员视察俾便激励推进案。

议决：函请监察委员会办理。

七、童子军理事会以服务本会经济艰困请求津贴俾得推进案。

议决：准予每月津贴。

八、应如何健全青年组织以加厚抗敌力量案。

议决：交设计委员会计划办理。

（《上海市各界抗敌后援会》，第105～109页）

26日　在中汇银行出席抗敌后援会主席团会议

到会者：杜月笙、钱新之、王晓籁、潘公展、童行白、柯干臣、黄任之、陶百川、沈怡、徐永祚、汪曼云

主席

报告事项

一、徐永祚会计师：

A. 二十五日救国捐结表

捐款种类	本日共计①	本日累计②
国币		
硬币		
外币		
有价证券		
存款凭证		
广东双毫		

二、黄任之先生：

A. 松江专员公署来电，闵行已被敌军轰炸。

B. 莘庄车站被炸。

C. 英法文报纸刊登有中国红十字会利用红十字旗运输军需品。

D. 地方协会曾派员至内地政府接洽遣送难民情形。

E. 地方协会总共收到捐款为234,828.86元，并经捐款人指用途如下：1.救济83,140.27(交黄延芳经收)；2.救护46,471.41(交颜福庆经收)；3.慰劳71,317.18；4.购车33,500；5.未指定用途400.00。

三、沈怡先生：

A. 关于捐募方面，因感觉所及，略具意见以供参考。

1. 捐募最好能多捐金银饰物及外国货币，较为实际。

2. 上项金银及外币，银行及其他指定场所亦可代收。

3. 估价最好能定二种方式：甲、牺牲价；乙、所得价，即以牺牲价调换救国公债。

4. 所收金银先出临时收据，再由中央银行折实。

5. 估价委员应提高本身价格。

上项办法交筹募委员会详为研究。

---

①② 原件此栏目下空缺。

四、童行白先生：

A. 为谋增强长期抗战起见，现拟从下列各点着手宣传。

1. 工厂应继续生产。

2. 妇孺遣送，甚而由中央厘订移民办法。

3. 勿使教育停顿。

B. 捐募方法繁乱已极，似应予以纠正。

五、王晓籁先生：

A. 为敌军枪杀红十字会医生及救护员事，致王儒堂电已发出。

讨论事项

一、各报对本会公告每每未能刊出应如何设法疏解案。

议决：请潘公展先生办理。

二、交通委员会主任委员黄伯樵坚请辞职案。

议决：推陶秘书长接洽。

三、应如何推进人民捐赠金银饰物案。

议决：饬代收银楼暂停估价，俟将处理后再进行估价（惟须编订号码、鉴定银色、标明重量）。

四、内河轮航业同业公会书记汪剑平竟敢利用救济委员会请照放回之遣送难民船只，高抬航价，营利肥私，并阻挠难民遣送，殊属不法已极，应如何处置案。

议决：交戒严司令部严办。

（《上海市各界抗敌后援会》，第109～111页）

27日　回川沙参加县政府召开的请缨志愿入伍青年送行会

民国二十六年（1937）“八一三”淞沪战争爆发后，黄炎培被推为上海市抗敌后援会主席团主席，全力投入抗日救亡活动。8月27日，黄炎培专程回川沙参加县政府召开的请缨志愿入伍青年送行会，会上号召青年要负起国家亡兴的责任，当抗日的先锋。22名川沙青年以“民族要咱出力气，誓与敌人拼到底”的决心，在县府大礼堂集合出发。夹道送行的父母、兄弟姐妹，为向侵略者讨还血债,吞泪水,咬牙根,甘愿献出自己的亲人。22名入伍青年辗战沪宁一线。12月8日驻南京中华门,与数倍之日军激战四昼夜,被迫退出挹江门,面对长江,英勇不屈,群起跳江。22名川沙青年中仅陆大生一人抱木漂流一昼夜获救,余皆壮烈殉国。

(《黄炎培在浦东》,第128页)

30日　作《长期战争中的后方工作》一文

长期战争中的后方工作

既然是长期抗战,战区也许会扩大起来,凡现时接近战区,或将来有接近战区之可能各地方,皆须从事准备。如果准备充分,因人心之安定,物质之流通与充牣,直接有利于作战。因治安之维持,生产文化事业之不至停顿,间接更有利于长期作战。反过来说,如果做不到,其予不良影响于战争上,亦自不小。故后方各地如何从事准备?实为非常值得研究的一个问题。

作者自辛亥革命至齐卢之关,皆尝身历其境。而尤以上海五年前之“一·二八”,以及此回“八一三”战役,皆尝从事于后方工作。深知后方各地准备工作之充分与否,影响于战事甚大。今试以一县或内地一小都市为单位,本吾经验,提出必要之准备工作若干项而一一加以说明如下:

一、每一单位皆须成立一中心组织。

例如一县,最好由县政府发起,邀同党部,军队(假定地方驻有军队),商会各方面代表以及地方领袖负声望而有能力者定期开会(紧急时期,宜每天集会)。不敢空谈,但交换消息,谈论分担各项应办事宜,并报告办理经过。此会实为整个精神能力集中点,一切工作出发于此,地方当局宜全神贯注于此。此会即名抗战后援会亦可。或另立此组织亦可。

二、对于轮舶车辆等交通器具,首须为适当之处置。

境内舟车等各项交通器及驾驶人员,先行登记,其已由政府施行统制管理时,尽力协助之,但切不可每一地方,单独施行统制。登记既毕,加以约束。遇必要时,一、供应我方军队的需要;二、供应运送伤兵难民的需要;三、防止敌军之利用;四、防止舟车商之居奇垄断,妨害交通,非万不得已,总以维持平时原有的交通状态为要。

三、粮食及其他生活必需品,加以管理与调节。

战事一开,粮食等生活必需品,因大军云集,难民过境,需要顿增,食户或多购以储蓄,商家遂居奇而抬价,于是军需民食,皆成问题,尤须严防奸商售给敌粮。所以事前必须加以明确之调查,适宜之调节,严切之防范,若因交通障碍而来源停滞则疏通之。政府既施行统制管理,则协助之。但切不可每一地方,单独实施统制。

四、肃清汉奸。

因敌人之收买与诱惑,汉奸往往而有,是宜予以周密之侦察,严厉之处置。准许民间密告,不宜布告者姓氏,但不得匿名,借防挟嫌诬陷。侦查确实,尽法惩治。其他奸宄痞莠,尤须加紧缉惩,以维地方秩序。

五、指导民众避难之方法与路线。筹划难民过境的给养。

设官凡以为民,此义万不可抛弃。战事将起,防空防毒等种种方法,就可能范围,宣传指导。战事既起,就所确知,用快捷的方法,审慎的态度,指定若干适宜地点,揭示战报,使民间勿过量的惊疑。到必须走避时,指示其路线及方向。时时晓以敌人压迫之严酷,政府用心之艰苦,地方自卫之大义,全民战争之必要,以作民气,蓄民力,此须责成地方报纸及民教农教各馆剀切宣传。过境难民,就能力所及,予以最低度生活需要之供给。粮食不够,除募集外,得向民间征发之。关于征粮办法,上级政府应有规定,如就秋收或向储户酌定成数给予征粮票之类。对于难民出境之交通,尤须注意勿使壅塞,公共卫生亦宜注意。

六、尽力维护生产工作、文化事业。

既是长期抗战,则前方战争,后方必须不断的生产与训练。如果人民心理因团结而镇定,地方秩序亦因之安宁,则农夫安心耕作,工人安心工作,教师学生安心教学,此实为长期抗战坚固之基础。最后之成败将取决于此。

七、集党政商学及地方民众为一体,努力执行上开种种及其他在非常时期必要的工作。

到非常时期,苟稍有国家观念,人人皆愿出其能力为国家用。上开种种,及其他必要工作,决非地方政府或少数领袖所能为力,必须利用民众力量,例如警卫,少数的警察,必感不敷。惟有利用受过军训的青年,或受过公训的壮丁,责令担任。此等人临时不令负责,平时训练有何意义。有些力量,不使展布,在国家亦为莫大损失,凡关于补充兵役、运轮、谍报、报道、协助工事建筑,以及伤兵救护,难民救济,人民献金之倡导,公债购买之劝募等,皆须鼓励担任。尤宜利用平时保甲制度,搜捕奸宄秩序安定,宣传激励,使人心兴奋,后方有此成绩,必于前方作战大有裨益。

以上种种,在上级政府宜有通令,在地方亦宜自动地负起责任担当下来。

民国廿六年八月三十夜首都

为《时事类编》作

(《国讯》1937年第173期)

是月 初见蒋介石,面谈发动群众参加抗战意见

和梁漱溟、江问渔、晏阳初见蒋介石,面谈发动群众参加抗战意见。蒋甚满意,即嘱以四人为中心进行。旋以京沪不守,作罢。

(《黄炎培年谱》,第120页)

9 月

2 日　在国际饭店召开抗敌后援会主席团会议

二十六年九月二日主席团会议(国际饭店)

到会者:杜月笙、钱新之、王晓籁、潘公展、童行白、张寿镛、柯干臣、金润庠、黄任之、陶百川、陈小蝶、汪曼云、徐采丞、徐永祚、徐佩璜、胡筠庄、杨志雄、杨德昭

主席

报告事项

一、徐永祚会计师:

A. 九月一日救国捐结表

种类	本日共计	本日累计
国币	46,487.46	909,407.73
硬币	572 角	3,958 角
外币		美 1 元
		英 1/2 镑
		日金 21 元 16 钱
有价证券	10,040.00	248,751.20
存款凭证	1,079.50	4,943.45
广东双毫		5.00
银两		1 两
		宝银 3,656 公分

B. 收支概况:

1. 收入:373,000.00。

2. 支付:甲、供应 15,522.00,乙、宣传 500.00,丙、事务 97.29。共付 16,119.29。

二、杨德昭先生:

A. 联合办事处任务为批发各部队军需供应,最初由邢震南负责,旋由我继任,惟以应付为难,深感痛苦。譬如有一旅部要领汽车 15 辆、卡车 15 辆、擦枪油 50 加仑、自由车 70 辆,我不知该旅何故要如许东西,我故不予批准,但对通讯材料及麻袋等仍予照发。然我深感关于供应问题,最好能规定最高供应额,俾便应付,并于四个军事机关及后援会、地方协会、商会等合组一审查委员会,以后请领供应须经过审查手续,较易应付。

B. 现在尚未参加作战者却时来领取供应物品,而久战不息者反未领有一物,此种怪象亦数见不鲜。

三、王晓籁先生:

A. 办事处自邢去杨来,杨确劳苦功高。惟情混乱,苏浙办事处确有改组之必要。

四、钱新之先生:

A. 现在兵站已经成立,本会供应工作似应即予停止,嗣后如有物品可视作慰劳品。

B. 第三战区(浙苏赣皖)兵站总监其负责所应办者为:1.治愈官兵之输送;2.协助输送难民;3.疏通供应支流。

五、陶秘书长:

A. 军政部兵工署来电派李知常来沪指导防毒设备(存)。

六、柯干臣先生:

A. 监察委员会于昨日举行会议,当由本人出席报告本会工作概况,徐会计师报告本会经济出纳情形,并推潘序伦为稽核(请潘会计师参加本会稽核处,以利工作)。

七、杨志雄先生:

A. 机器脚踏车百辆,又连船者百辆,已向外定购。

B. 救济委员会为遣送江北难民离沪,曾向怡和公司租一平和轮船,该船本可装载一千五百人至二千人，结果七百人都未能满。其原因为在回家以后，其住食本成问题，反不如在收容所之住食无忧也。

八、黄任之先生：

A. 在苏州时曾晤及张云搏先生，据云已转为输送难民七万人，但希望协助被单。

讨论事项

一、应请译定本会英文名称俾利国际工作案。

议决：译定为 The Federation of the Civie Associations of Shanghai。

二、美国海员工人六万八千余人具名函请美总统同情我国并请对日制裁，本会应如何表示案。

议决：由本会电谢外并饬有关团体去电感谢。

三、供应委员会以兵站业经正式成立，本会供应工作拟即停止以一事权，是否可行请公决案。

议决：照办。并视将来环境需要得改为慰劳工作。

四、俞部长来电征应被单三万份请核议案。

议决：电复。并推徐采臣先生负责接洽办理。

（《上海市各界抗敌后援会》，第 126～129 页）

3 日　赴浦东同乡会聚餐

午，赴浦东同乡会聚餐。“到者黄任之、陈澜生、叶玉虎、王造时、赵叔雍、李肇甫、主人陈陶遗、温钦甫、张榕西、诸青来、胡政之、许克诚、颜骏人。”（《日记》，第 1194 页）张耀曾日记记此次聚餐会：“余详谈日本外交上、经济上弱点甚多，宜用种种巧妙方法，不断的加以攻击，则果熟蒂落，日本不败于前线，即溃于后方。惟此种方法极须密研究，而其弱点究如何明确认清，余一人（之）力有限，希望同人协力为之，以便达到自信地步，即建议中央云云。叶玉甫谓，时不宜迟，请先向中央建议。余谓，不妨并行，一面由余以个人所见先贡中央，一面由同人分别研究。众赞成。当分四组：外交、政治、经济、文化，由个人分担研究工作。颜骏人为外交组召集人，李伯申为文化组召集人。”先生与张耀曾均分在文化组。

(《张元济年谱长编》,第1068页)

3日　在吴公馆召开抗敌后援会主席团会议

二十六年九月三日主席团会议(吴公馆)

到会者:杜月笙、钱新之、潘公展、金润庠、柯干臣、王晓籁、黄任之、童行白、张寿镛、陶百川、徐佩璜、徐采丞、徐永祚、汪曼云、庞京周、胡筠庄

主席

报告事项

一、徐永祚:

A. 本月二日救国捐结表

种类	本日共计	本日累计
国币	80,438.96	989,846.69
存单存折	104.78	5,048.23
公债票面	2,194.00	251,145.20
纹银	5两45	6两45
银角	3角	3,961角
港币		5毫
外币	日元2元110钱	23元126钱
铜钱		1,600文

二、交通委员会王技师(修理组):

A. 今日参与主席团会议,非常荣幸。关于汽车运用军事,关系甚大,今拟乘此机会,报告过去并确立将来。

B. 在未开战前,已深感交通问题将来必致混乱。自八月一日奉令开始,十二日战机已露,十三日发生接触,十四日即召集修理组组务会议,决定设立三修理厂:1.大华,2.佑福,3.在沪北。于二十日始找到工人正式成立,自二十二日起开始拖车。

C. 自二十三日起至三十一日止,共修好汽车60辆。

D. 平时拖车较易，战时则难。自二十七日后，日机时加威胁，工作更感困难。

E. 拖车必须吊车，而吊车在市上甚少，现正在沪自做。现在南翔以西尚有坏车约七十辆，故努力效劳外，尤望主席团能予以协助。

F. 我们之工作地点为在南翔以东。

三、徐佩璜：

A. 除王、金二先生去工作外，公用局于晚间亦在拖车。其拖车迟延原因，一为军警半路拦用，一为工人胆小逃回。

B. 现在工作系以卡车拖卡车，并非用吊车去拖，因之在材料深感好车缺少。现拟请求主席团可否就已定数目中提出一万五千元去定做三部吊车，庶可应用。

四、黄任之：

A. 兄弟才从南京回来，路经北新泾至苏州一段，共停有汽车约 31 辆，其倾侧原因，大约均系车行太快。前晤俞部长，答已饬五工程车前去修理，我意：1.应将情形告知后方兵站勤务部，2.去借吊车，3.多用人去拖。盖以吊车是否适用，亦一问题也。

B. 兵站现在无锡设有总修理厂。

C. 拟与俞部长洽商，在南翔以东坏车归兵站拖，送归我们修理。

五、王技师：

A. 积极办法，应由军部供应材料，并加爱护。

B. 消极办法，以坏车由士兵拖至安全地带。

C. 拟与军部洽商者：

1.会同军部派员调。2.倾侧者即刻扶正。3.应由士兵将坏车拖至安全区域。4.修理车出动时请加以保护。5.车辆送厂修理应有手续。6.限制调用车辆。7.太仓厂请装军用电话。

六、庞京周：

A. 已在中央研究院原址设有伤兵输送队。

B. 轻伤送后方医院者，至今已七百余人。

C. 现在伤兵医院皆系逆流组织,将来势必形成上海多医药,而后方连医药而无之。

D. 红十字会给药,现在已感无法应付。

E. 救国公债发行后,红十字会恐势难捐款,应请主席团领款。

F. 治愈伤兵回去要制服(与兵站接洽)。

七、王晓籁:

A. 供应会八月七日起九月三日止收支简报:

1. 收会计科国币	155,351.35元
2. 付特别费(陆京士经手)	15,000.00元
付又(黄伯樵经手)	10,000.00元
付又(沪北保卫团粥水费)	2,000.00元
付供应品(有细账)	117,472.15元
付车夫杠力等事务费	133.54元
付工资(做纯钢避弹三百只)	300.00元
收支两抵,结存国币	10,445.66元

B. 供应会九月三日止应付未付款:

……

C. 昨日会议本人因事早退,是以对供应委员会改组及停止工作情形未能明了。

八、童行白:

广播电台业经接洽就绪,嗣后对物品征集、稿件等,概须经宣传委员会核准转发,俾一统制。

讨论事项

一、损坏汽车之修理应否规定区域及办法案。

议决:1.规定南翔以东损坏车辆由本会交通委员会负责修理;2.由兵站将车拖至安全地带;3.电复俞部长。

二、兵站总监前电请征发棉被三万份,当经决推员向旧存棉被处接洽,兹以旧存棉被已另有用途应如何办理案。

议决：1.交宣传委员会由广播电台征集；2.所有征集棉被概送红十字会及红十字会指定之代收处。

三、供应委员会业经决议停止工作应于何日实行案。

议决：自下星期起实行。

四、关于军队需要供应应如何办理案。

议决：1.军队供应应由兵站负责；2.就原有供应委员会改组为慰劳委员会，对于人民输将负承转之责，并得因兵站或人民之委托，协助或代办供应事宜（原有组织及分子不得变，但为工作便利起见，得简称为上海市慰劳委员会）。

五、请通过本会响应美国海员工人对美总统要求制裁日本侵略电。

议决：通过。

（《上海市各界抗敌后援会》，第 129～133 页）

4日　在国际饭店召开抗敌后援会主席团会议

二十六年九月四日主席团会议（国际饭店）

到会者：杜月笙、钱新之、王晓籁、潘公展、童行白、柯干臣、黄任之、陶百川、徐玉书、庞京周、周邦俊、汪曼云、沈怡

报告事项

一、徐永祚：

A. 九月三日收救国捐：

1. 国币 77，578.93，2. 存款 99.46。

B. 支付：

1. 供应委员会 300.00，2. 救济委员会 100，000.00，3. 交通委员会 16，000.00，4. 事务费 500.00（共付 26，800.00 元）。

二、周邦俊：

A. 昨晤八十八师师部医院院长，据云，该处材料迄未领到，惟关于士兵医药费规定每月一角，则一师医药费月仅千余元。

B. 军医署所办之军医院已动员五万床位。

三、庞京周：

A. 慰问伤兵应予拒绝。

B. 各伤兵医院亟待主席团巡回视察,以资激进。

四、童行白：

A. 本会致美国海员电文,以各种关系,未及发生,故新闻亦未发表。同时余处长以外交部办事处无官电,是以已改由现费打出,新闻稿亦可于今日发出。

B. 平剧界播音征集慰劳金拟继续举行。

五、徐永祚(续)：

A. 往来存款已仅五千余元,亟待设法调济。

B. 捐款中其指定用途者亟须照拨。

C. 救济、救护、慰劳三委员会,其性质不妨独立,惟会计制度则须统一(照办)。

讨论事项

一、救护委员会关于医药用品及经费征募可否由该会自行筹募案。

议决:得由该会自行办理。

二、洪兴协会叠向红十字会请求设立伤兵医院,应否准予设立请核案。

议决:1.医药用品及医院行政由红十字会负责监督;2.人事问题由市党部派员监察。

三、慰劳品概须集中支配以一事权案。

议决:照办。

四、慰劳委员会应亟予组织并同时举行慰劳物品及慰劳金之征募以利工作案。

议决:1.照办。2.以前供应委员会全体委员即为该会委员。3.其职员人选推王晓籁拟定后提会通过。

五、救济、救护二委员会前拨经费各七万五千元,应呈请政府核销,以便转账而完手续案。

议决:电请核转。

(《上海市各界抗敌后援会》,第133～134页)

5日　发电感谢美国海员工会同情中国抗战

[本报讯]本市各界抗敌后援会昨日致电美国海员工会云:华盛顿工业组织委员会转美国海员工会鉴:上海各民众团体,对于贵会表示在侵华日军未撤退以前,要求贵国政府对日实行经济绝交,及贵国船舶仍应在上海停泊,盛意可感。中美多年之友好关系,对于贵国航业,无论在上海或其他中国海港,均予以诚挚之欢迎。此次“胡佛”之被炸,事出意外,而敝国政府即坦白表示愿负完全责任,此足宣示嗣后不致有同样不幸事件发生。至日本侵略行动,实予中国及各友邦间贸易之无上威胁。在此非常时期,吾人希冀贵国人民为敝国之良友,并盼为国际正义继续予敝国以赞助与同情。

上海市各界抗敌后援会主席团王晓籁、杜月笙、钱永铭、潘公展、童行白、金润庠、张寿镛、柯干臣、黄炎培。

(原载《新闻报》1937年9月5日,
引自《上海市各界抗敌后援会》,第267页)

6日　在浦东大厦召开抗敌后援会主席团会议

二十六年九月六日主席团会议(浦东大厦)

到会者:杜月笙、潘公展、王晓籁、张寿镛、黄任之、钱新之、陶百川、汪曼云、杨志雄、徐永祚、庞京周、颜福庆

主席

报告事项

一、杜月笙先生:

A. 俞部长复电:世悉。苏州卡车修理厂给养已饬由第三战区兵站总监供给。至材料请按照租用日期维持一月,以后补充已饬陈总监洽查具报(交交通委员会)。

B. 第三战区兵监录电转请饬知私家医院伤兵运回苏州、杭州,以免流弊(交救护委员会及红十字会)。

二、陶百川先生:

A. 财政部快邮代电:东电悉。所请以救国捐换发救国公债,应准照换(交筹募委员会)。

三、潘公展先生:

A. 昨有大批难民遣送回籍,不幸于北新泾遭遇敌机轰炸,致有数十人死亡。

B. 嗣后本会宣委会派至各收容所宣传,请勿用抗敌后援会名义(交宣传委员会)。

四、庞京周先生:

A. 官长住院应定办法。

B. 慰劳物品应普遍支配。

C. 慰劳团体应尽量包括。

五、黄任之先生:

A. 崇明王青穆先生来电,转请驻日许大使抗议日机惨杀无辜人民。

B. 敌机残暴情形应逐一记录,以便将来交涉。

C. 晤陈诚代表,渠有四点意见嘱供参考:1.慰劳应遍及死亡士兵之家族。2.残废士兵之善后。3.能供给若干雪里蕻菜。4.现金送政府或支配兵士家族及残废兵。

D. 绩溪同乡会等以英商自来火公司行将复业有碍安全,请交涉暂缓复业。

E. 现有人拟办一伤民医院。

讨论事项

一、救济委员会提因救济工作致伤亡者应如何抚慰案。

议决:由救济委员会拟具抚慰办法再行核议。

二、交通委员会经费306,200.00元应如何核转以完手续案。

议决:由中国银行转账。

(《上海市各界抗敌后援会》,第136~137页)

7日　在浦东大厦召开抗敌后援会主席团会议

二十六年九月七日主席团会议(浦东大厦)

到会者:杜月笙、王晓籁、黄任之、柯干臣、钱新之、金润庠、陶百川、徐佩璜、汪曼云、徐永祚

主席

报告事项

一、陶百川:

A. 张文伯司令来电,以防毒面具正切需要物,电复谢(交技委会)。

B. 中央党部来电,慰劳物品如无处送运,可径送南京励志社战地服务团以便分配(交慰劳会)。

C. 京沪警备司令部密函,迅将军用品移至安全区域(密转各团体)。

D. 嘉兴抗敌后援会八月十五日成立救济会,函请随时援助。

E. 征集日货商标,以便严密抵制(交设计会及商会)。

二、黄任之:

A. 淞沪司令部军需处昨日要去麻袋十万只,除捐得五万只外,余五万只系向朱静庵处买来,价为一万五千元。并经与朱静庵商定,就所付货价中愿以五千元购救国公债。

三、王晓籁:

A. 平时汽车运输价格业经查明,兹录出以供交委会参考。

1. 上海区内每吨运费1.20。2.每车装三吨。3.每次3.60元。4.每日平均六次,计21.60元(汽车汽油、人工均在内)(交交通委员会参考)。

四、徐永祚:

A. 九月六日救国捐:

1.国币26,666.97,2.存款5,034.98。

B. 支付项下:

1.供应委员会949.00。

C. 保管委员会昨日举行会议,决定如下:

1.救国捐自十日起停止征收;2.对各银行代收者不计息;3.救国捐中指

定用途者为16,687.00元。

讨论事项

一、购买麻袋货价一万五千元应否照拨案。

议决:照拨。

二、征集各银行运银铁甲车以便运送伤兵案。

议决:由红十字会与银行公会接洽。

三、拟就慰劳委员会全体职员名单请核议案。

议决:王晓籁为正主任委员,金润庠、陈小蝶、骆清华、马少荃为副主任,陈小蝶兼秘书,曹志功为总务,李文杰为会计,马少荃为输送,张佩珍、王性尧为保管,周邦俊为宣传,黄惕人为劝募。

四、慰劳委员会经常费应如何拨付案。

议决:由秘书处项下拨付。

(《上海市各界抗敌后援会》,第137～139页)

8日　在国际饭店召开抗敌后援会主席团会议

二十六年九月八日主席团会议(国际饭店)

到会者:杜月笙、王晓籁、钱新之、黄任之、童行白、柯干臣、金润庠、张寿镛、陶百川、庞京周、徐佩璜、王搽生、郭琦元、杨志雄、汪曼云、胡筠庄、徐永祚、骆清华

主席

报告事项

一、王搽生:

A. 救护委员会除在本会领到七万五千元外,在地方协会亦领到一万余元。该项费用早经用罄,不得已在红十字会借移二万元。

二、庞京周:

A. 卡车红十字会买九辆,救护委员会买三辆,租用二十辆,而租用者一时又不能脱手,现在经济艰难已达极点。下月如床位无增加,则经常费八万元或可够用,苟须增加,则难以预算矣。

三、骆清华：

A. 昨日保管委员会开会决议：1.救国捐自十日起停止代收。2.十一日起结束。3.三日内将清单结出。4.各项收据概送徐永祚会计师汇转，中中交农及中汇等五行并将存根造册，送救国公债委员会。5.与救国公债委员会会衔布告，至调换手续与日期另行公布。

四、徐永祚：

A. 昨收救国捐：

1.国币 9，134.39。

B. 昨日支付：

1.供应委员会 7，695.10，2.宣传 50.00，3.事务 1，600.00。

五、黄任之：

A. 今日与汪曼云兄同至松江，沿途印象极佳，农人渔夫仍各本其业，至防御工程正在赶作中，地方情形亦尚安适。今晨敌机曾至闵行掷弹。难民最多时有八九万人。

B. 租界自来火公司行将复业，影响治安安全至深且巨（由徐局长调查后再行核议）。

六、郭琦元：

A. 报告视察苏州、南翔一带救护情形。

七、何德奎：

A. 在公共租界居户因自来火公司继续供给，影响上海安全至深且巨，因之市民均呈十分恐慌。予即以电话致询该公司经理及工程师复业理，据答因系为用户催促。又询以苟为炮弹所毁，其危险如何。则答以并无此项经验，并以渠等亦系居住公司为词，嘱为放心。

B. 我军粮食颇成问题，似拟设法研究。

讨论事项

一、请电呈蒋委员会长，本会救护费用能否由救国捐项下拨给二十万元，移用转账以利工作案。

议决：照办。

二、国联会将于九月九日举行会议,应否电请制裁日本暴行案。

议决:由本会及市商会、银行公会名义致电国联。

三、救国捐捐款人对于捐款指定用途者,应遵照捐款人意见将捐款拨出,并不得调换救国公债以示限制,是否可行请核议案。

议决:照办。

四、军用粮食应如何设计案。

议决:交技术委员会沈主任负责研究。

(《上海市各界抗敌后援会》,第139~141页)

9日　带上海市各界抗敌后援会一千元至松江救济难民

杜月笙回电

松江专员公署王公玙、张小通兄勋鉴:电悉。药品已送松,并拨一千元交任之先生带松救济难民。前有朱公亮君领去一千元,并乞查复。

杜月笙、陶百川叩。佳。

(《上海市各界抗敌后援会》,第275页)

9日　赴浦东同乡会聚餐

午,赴浦东同乡会聚餐。"胡政之作主人。到者颜骏人、张榕西、王志莘、赵叔雍、陈澜生、许克诚、诸青来、陈陶怡。饭后黄任之来,云明日赴宁。"(《日记》,第1195页)张耀曾日记云:"任之拟明日再赴南京。索前交余阅看之国际参议会所议之《全国总动员计划大纲》……"

(《张元济年谱长编》,第1069页)

9日　在杜公馆召开抗敌后援会主席团会议

二十六年九月九日主席团会议(杜公馆)

到会者:杜月笙、钱新之、王晓籁、潘公展、童行白、金润庠、张寿镛、柯干臣、陶百川、骆清华、汪曼云、沈怡、庞京周、胡筠庄、徐佩璜、徐永祚、黄任之

主席

报告事项

一、徐永祚：

A. 九月八日收救国捐：28，571.02。

B. 支付项下：

1.供应委员会 11，555.00。

二、黄任之：

A. 地方协会所收各项捐款总额为 375，005.33。

B. 经捐款人指定用途者计：

1.慰劳 77，434.13。2.救济 182，617.97。3.救护 77，019.63。4.车辆 33，500.00。5.大刀 4，033.63。

C. 未指定用途者：400.00。

D. 嗣后关于各项指定用途者拟在中汇各立专户，不再直接收款。

E. 慰劳费除已转送外，尚余 67，018.30 元。

讨论事项

一、阵亡将士遗族及残废士兵应如何抚慰案。

议决：1.举办抚慰金。2.由本会委托上海市商会及上海地方协会代为征募，俾成巨款。3.该项抚慰金之保管另组保管委员会，并推宋汉章、宋子良、吴蕴斋三人为保管委员。

二、地方协会所募慰劳金余款计洋 67，018.30 元应如何处分案。

议决：作为阵亡将士遗族及残废士兵之抚慰金。

（《上海市各界抗敌后援会》，第 141～142 页）

10 日　因公赴京

炎培于今晨因公赴京，此后常川往返京沪；离沪时间较多，所有常务理事一职敬乞绍伊先生代表。即希台察。此致浦东同乡会。

黄炎培启

二十六年九月十日

（《黄炎培往来书信选辑》）

11日　为《国讯》首刊执笔

[本报讯]法租界吕班路国讯社刊行之《国讯》,今日出版,执笔者黄炎培、杨卫玉等。每册仅售一分,本埠各报摊均有出售。

(《申报》1937年9月11日)

15日　接到张元济书信

致黄炎培书,"代逵方为伤兵募衣"。

(《张元济年谱长编》,第1071页)

20日　在国际饭店出席抗敌后援会主席团会议

廿六年九月廿日主席团会议(国际饭店)

到会者:黄任之、许冠群、钮铁生、童行白、沈怡、徐佩璜、杨卫玉、陈小蝶、王晓籁、潘公展、杜月笙、陶百川、江问渔、金润庠、徐永祚、骆清华、陆京士、朱学范、项康元、张寿镛

主席

报告事项

黄任之:

A. 介绍中央特派钮铁生先生来沪接洽事项。

钮铁生:

最近在西北工作,忽奉令来沪视察。各方如有困难之处,当代为转达,并希继续努力。

王晓籁:

A. 供应委员会经过。

B. 费用已超过卅余万,且自动捐助者尚不在内。

C. 现在危险区域尚有大批军用品,请政府设法收买,并移运应用。

D. 对于银行押款之军用品,拟请设法疏通。

徐佩璜:

A. 交通委员会经过及困难状况。

B. 费用已近四十万，原预算一个月，顷已过，维持堪虞。

C. 急速疏通河运，以便运输。

D. 购车运钢板等军用品。

E. 取缔各军团自由拉车。

潘公展：

A. 救济会经过。

B. 已设收容所 147 所，难民约五万，直接共十万。

C. 经费由市政府拨十万，地方协会六万左右，后援会七万五千，自动捐助九万左右。已用去十四万余。

D. 目下平均有四万人收容，每人每日一角，月需十二万元，运输及管理费尚不在内。

E. 难民运输第一在交通。

F. 希望移民殖垦。

许冠群：

A. 救护会与红十字会合作经过。

B. 前方运输车辆缺乏，及特区交通之阻碍。

童行白：

A. 宣传会之组织经过。

B. 宣传对于广播及国际宣传之重要，拟定计划，请中央指示。

沈怡：

A. 技术会经过。

B. 目下工人星散，招之易，最好联合苏、浙、京各方人才物力，分工合作。

C. 各处机关颇多，而结果仍集中于沪工务局。

陶百川：

A. 关于国防有关之工厂须设法迁移至内地。

B. 动员人才，惟需费颇巨。

C. 军需品赶速迁出上海，有押款关系，更需设法。

王晓籁最后并补充，国难如此严重，我人应如何继续不断地增加后援工作及其补充。

张寿镛希望委员长对于主席团所请求者特予通融。

讨论事项

一、拟定组织委员会人选请予通过案。

议决：主任委员姜豪；副主任委员周学湘、骆清华、华礼荣、钱剑秋。

(《上海市各界抗敌后援会》，第152～154页)

21日　赴浦东同乡会聚餐

午，赴浦东同乡会聚餐。“到者黄任之。陈澜生、王造时、温钦甫、叶玉虎、李伯申、张榕西、褚慧僧，主人颜骏人。”

(《张元济年谱长编》，第1071页)

22日　在联欢社出席抗敌后援会主席团会议

廿六年九月廿二日主席团会议(联欢社)

到会者：杜月笙、张寿镛、陶百川、潘公展、徐永祚、严谔声、金润庠、姜豪、徐佩璜、骆清华、汪曼云、童行白、黄炎培、王晓籁

主席

报告事项

徐永祚：

救国捐行将结束，各委员会账目、手续务须备齐。

讨论事项

一、捷克斯拉夫出品防毒面具请为采购案。

议决：转呈军委会。

二、朱静安麻袋五万只计壹万五千元，现朱君请付壹万元，余五千元购救国公债请核夺案。

议决：壹万元照付，五千元代为购买。

三、麻袋业同业公会蔡志阶来函据称有4,262,300只请为采购案。

议决：保留。

四、顾馨一前交京沪警备司令部军米贰千石计＄19,600.00应否付给案。

议决：先与黄任之、金润庠接洽。

五、组织委员会拟定预算每月＄1,310.00请求通过案。

议决：通过。

六、明日各团体座谈会请推员出席案。

议决：推秘书长代表出席。

（《上海市各界抗敌后援会》，第156～157页）

23日　在国际饭店出席抗敌后援会主席团会议

廿六年九月廿三日主席团会议（国际饭店）

到会者：杜月笙、王晓籁、张寿镛、潘公展、童行白、杨卫玉、徐佩璜、沈怡、金润庠、汪曼云、黄炎培、陶百川

主席

报告事项

徐佩璜：

A. 目下各汽车或因车胎破坏、电池缺乏，当即予以换好，此项费用即在租车费项上扣除。

B. 闸北接水，自9/15—9/22一星期中已用去＄1,949.43。

沈怡：

闸北厂内所存各货甚多，应速迁出。

金润庠：

棉马夹，接俞部长电，须统制办理。惟目下市上棉花缺乏。

讨论事项

一、闸北接水费＄1,949.43应否照付案。

议决：暂行垫付。推王晓籁先生与俞部长接洽。

二、第四军需棉马夹应如何办理案。

议决：请第四军速电俞部长转付。

（《上海市各界抗敌后援会》，第157页）

24日　赴浦东同乡会聚餐

冒雨赴浦东同乡会聚餐。"张元济作主人。到者陈澜生、叶玉虎、颜骏人、李申甫、黄任之、许克诚、温钦甫、陶星如、王造时。"

(《张元济年谱长编》,第1071页)

26日　在国际饭店出席抗敌后援会主席团会议

廿六年九月廿六日主席团会议(国际饭店)

到会者:张寿镛、杜月笙、童行白、陶百川、王晓籁、彭文应、颜福庆、徐佩璜、潘公展、钱新之、杨卫玉、黄任之、庞京周、陆伯鸿、翁友之

主席

报告事项

一、徐佩璜介绍闸北水电公司经理陆伯鸿、翁友之,接洽上次讨论闸北水电问题。当经洽定目下暂由会设法垫付,将来公司复业后再行设法偿还(旋陆、翁退席)。

二、黄任之报告:

A. 沈秋水捐助庐山房屋家具一案,顷已得捐赠人同意,全部捐赠政府。兹将契据等呈会,请为转呈。

B. 某西人报告,海能路西童公学内敌人架设大炮、高射炮等(报告俞市长)。

C. 淞沪警备司令部所出麻袋收条,由地方协会具函证明。

D. 冯焕章派薛子良来请购棉被。

E. 任矜苹来函,第二十伤兵医院缺被。

三、钱新之报告:

A. 此次到京杭湖等处计十天。曾晤蒋委员长,对于上海难民及失业工人非常关怀。现由第六部会同第四部规划进行,上海亟须派人前去接洽办理。

B. 上次二十万救济费事,曾晤张岳军,据称可再详电呈请批复。

C. 沿途难民、伤兵,各地扰骚不堪,惟壮丁训练成绩颇佳。

四、陶百川报告:

A. 亚声电台黄菊影现已由中央特务处拘捕,本会已通知即予扣留勿

放。因经手捐款确有侵占行为，而收条存根缺少一千张。

B. 公共租界对于失业工人登记，可无问题，惟须派员参加共同办理。

C. 百代公司接洽灌音（缓）。

五、庞京周报告：

A. 最近万国红会代表来沪，略予招待，冀得协助。

B. 目下租界伤兵每日只能进 75 人，迭经交涉，迄无结果。且限定二个医院，以致医师劳逸不均。

C. 小医院百人以下者归并大医院。

D. 总部方面最近成立一后方卫生勤务部，下设第四股专管伤兵事宜，由温应星任主任。

E. 军委会意，上海决计不收伤兵，医务人员及器械、药品材料应速向内地迁移。

F. 法租界政治部派人调查伤兵符号，并有入租界时已将符号取去再来核对情事。

G. 红会救护一万余人，军医救护不及一万，共计二万余，9/14 止。故目下我方死伤在五万左右，与敌人适成 5 与 2 比，惟罗店一役为 1.7 比 1，其他各地为 3 比 1。

六、颜福庆报告：

A. 霍乱者集中中山医院。

B. 伤兵运沪集中外交大楼，择其重伤者送租界，轻伤者送松江等后方。

C. 向租界交涉，限制二院已改为四院，将来拟改为十院。

D. 第 15、16 医院筹备迄今尚未开幕。

讨论事项

一、沪南区救火会乞款维持案。

议决：转函市政府速拨。

二、15、16 伤兵医院迄未开办如何办理案。

议决：请卫生局取缔。

三、拟刊印抗敌后援工作摘要小册子分送内地案。

议决:照办。由各主任委员主稿,再交秘书长变动。

四、推动各县市制运棉衣以应前线需要案。

议决:照办。

(《上海市各界抗敌后援会》,第159～161页)

27日　在浦东大厦轩辕堂出席抗敌后援会主席团会议

九月廿七日主席团会议(轩辕堂)

到会者:沈怡、陶百川、童行白、王晓籁、金润庠、杜月笙、柯干臣、姜豪、张寿镛、黄任之、骆清华、钱新之、徐佩璜、潘公展

主席

报告事项

陶百川:

战事扩大,前后方伤兵医院亟需医师,限七日内调五十人到京,已复电请示办法。

黄任之:

密报亚声电台案贰件。又庞电浦路送急救包三万。

讨论事项

一、前补助教育界服务团出版《前线》一月卅期计1,500元已拨1,000元,现改为二日刊尚有500,应否续拨请为核示案。

议决:本会经济困难,即予停止。

二、组委会登记团体已收到63份表格加以调查,拟请转呈市党部社会局二主管科考核予以甄别,本会即根据批示转饬知照请为核示案。

议决:照办。

三、调整各路后援工作办法已经拟就请予通过案。

议决:A. 淞沪后方加硖石。

B. 津浦后方加青岛、芜湖。

C. 平汉绥后方加九江。

D. 加第五项：除上开地点外，得请各省政府斟酌各地情形，分配后援工作，以厚力量。

E. 原文第七项删去。

F. 上海抗敌后援会各项删去。

G. 推黄任之、江问渔、杨卫玉为代表。

H. 文件手续由黄任之、陶百川面洽办理。

（《上海市各界抗敌后援会》，第 161～162 页）

28 日　在浦东大厦轩辕堂出席抗敌后援会主席团会议

九月廿八日主席团会议（轩辕堂）

到会者：沈怡、金润庠、陶百川、张寿镛、黄任之、杜月笙、潘公展、徐佩璜、柯干臣、钱新之、王晓籁

主席

报告事项

金润庠：

前征集白布袋万余只，现改为马夹之用。

讨论事项

一、建议中央双十节举行救国运动推销公债等事案。

议决：通过。

二、亚声电台案业已开始侦查应如何办理案。

议决：解主管机关法办。

三、宣委会提编印对外刊物预算需 3,800 元，核之原定预算每月 3,500 元，两个月计 7,000 元，领过外尚不溢出请予通过案。

议决：A.《抗战画刊》五千本，英法文各半。

B.《日军之暴行》六千本，英法德文各 1/3。

C.《各国对日军之批评》六千本，英法德文各 1/3。

D.《中国抗战之真相》六千本，英法德文各 1/3。

E. 连邮费等共计 $3,820.00。

F. 中国青年国际问题研究会印《青年呼声》津贴＄400.00。

G. 国际问题英文特刊补助＄500.00。

均通过。

四、北方战事胜利应否表示案。

议决:电八路军等。

五、救护救济费垫款十六万元请再详电委座核准支给案。

议决:通过。

六、慰劳物品征集办法请修正案。

议决:照修正意见通过。

(《上海市各界抗敌后援会》,第162～163页)

29日　在杜公馆出席抗敌后援会主席团会议

九月廿九日主席团会议(杜公馆)

到会者:王晓籁、杜月笙、黄任之、童行白、陶百川、徐佩璜、金润庠、姜豪、潘公展、张寿镛、钱新之

主席

报告事项

潘公展:

失业工人登记南市已举办,租界方面尚待洽商。

陶百川:

失业工人中央已决定办法如下:

1.举办登记。2.登记者分三大类:a.有技术者及能力者编入运输工程队;b.年壮力强者编为壮丁队,由军委会派员办理;c.老弱者交由救济会。

各团体登记事已经审查完毕,即日起可以通知各团体咨照。

讨论事项

一、骆清华辞慰劳组副主任案。

议决:慰留。

二、救济、救护二委员会账目应如何办理案。

议决：八、九二月账并送监委会审核。

三、各团体账目应否审查案。

议决：请会计师公会派员办理。

四、提组织委员会名单请予通过案。

议决：通过。

（《上海市各界抗敌后援会》，第163～164页）

30日　在国际饭店召开抗敌后援会主席团会议

九月卅日主席团会议（国际饭店）

到会者：张寿镛、蒋建白、杜月笙、王晓籁、钱新之、姜豪、童行白、陶百川、潘公展、黄任之、沈怡、金润庠、徐佩璜、周作民

主席

报告事项

陶百川：

A. 亚声电台案已经派员讯问，现押公安局，将解戒严司令部。

B. 奉令调查慰劳委员会内容状况如下：

经济方面：9/11—9/28止，收慰劳金11,622.72，移交2,211.25，市商会7,344.82，事务费1,000.00，礼券息0.63，共计22,179.52。①

支出方面：购办慰劳品7,487.81，事务费494.92，宣传费86.70，输送费231.76，保管费40.13，共＄8,341.22。结余＄13,838.30。其他流言完全无稽。

C. 司法医院批示，关于前请指示押款事，凡未经货主同意而提出至安全地点，属于军需品而经政府命令者，在非常时期自应有拘束力。

D. 房产业公会提一月房租购公债。

徐佩璜：

各师旅部仍有需要交通车辆，最近运送大批水泥、钢骨、钢板等。有用

① 此数与上列各数和不符。

民船及汽车,沿途破车颇多,组拖车队救济。

金润庠:

A. 冯焕章方面先汇去一万元,余设法。

B. 闸北方面需用水泥三千包,拟请设法暂借。

讨论事项

一、本市救国后援团体会计办法请予通过案。

议决:通过。

二、慰劳委员会提奉令组织伤兵慰问委员会案。

议决:即以原有之慰问伤兵组改为慰问伤兵委员会,仍隶属于慰劳委员会,除原有三主任外,加许冠群及第三战区代表一人,合为五人。

三、慰劳会发收条交各团体征募似多流弊.拟请将四条删除由各团体自印请示案。

议决:照办。

四、宣委会提双十节国庆纪念办法案。

议决:1. 慰劳前线士兵及后方伤兵。

2. 劝募救国公债。

3. 国民经济绝交。

(《上海市各界抗敌后援会》,第164～165页)

30日　赴浦东同乡会聚餐

午,赴浦东同乡会聚餐。“赵叔雍作主人。到者颜骏人、陈澜生、李伯申、温钦甫、叶玉虎、许克诚、黄任之、胡政之、褚慧僧、王造时。有临时许克诚约来之客三人:陈铭枢、蒋光鼐,后至者杨德昭。”

(《张元济年谱长编》,第1072页)

10 月

10 日　任上海市国民对日经济绝交委员会监察委员

［本报讯］本市各团体于昨日上午十时，由上海市各界抗敌后援会发起，召开上海市国民对日经济绝交委员会成立大会。到抗敌后援会、市商会、地方协会、市教育会、市总工会、市农会、工界救亡协会、文化界救亡协会、律师公会、会计师公会、记者公会、文化建设协会、教育界救亡协会、职业界救亡协会、童子军理事会、大教联、中教联、小教联、妇女会、各同业公会等团体代表一百余人。当推王晓籁、潘公展、童行白、林康侯、朱学范等五人为主席团，行礼如仪，由主席王晓籁、童行白报告组织意义及筹备经过。旋即通过组织大纲及通电，并推定执委二十七人、监委十五人，分别组织执、监委员会即日开始工作。分录于后：

［组织大纲］

上海市国民对日经济绝交委员会组织大纲

第一条　本会由本市民众团体代表组织之，主持全市国民对日经济绝交事宜。

第二条　本会对日经济绝交之范围暂定如下：一、对日金融关系之绝交；二、对日贸易关系之绝交；三、对日雇佣关系之绝交。

第三条　本会设执行委员会，人数定为二十一人至三十一人，自会员代表大会产生之。

第四条　执行委员会设常务委员，由执行委员会互推常务委员三人至五人组织之。

第五条　本会设监察委员会，人数定为九人至十五人，由会员代表大会产生之。

第六条　常务委员会得分科办事,其分科办法另订之。

第七条　本会视事实之需要,得设特种委员会,其委员会由执行委员会聘任之。

第八条　会员代表大会无定期,由执行委员会定期召集,或由三分之一以上会员要求执行委员会召集之。

第九条　本会常务委员会会议每星期举行一次,执行委员会会议每两星期举行一次,监察委员会会议每星期举行一次,必要时得临时召集之。执行委员会会议时,监察委员均得列席。

第十条　本会经费由团体担任之。

第十一条　本大纲经会员代表大会通过施行。

[执监委员]

执行委员褚辅成、王晓籁、杜月笙、陶百川、徐寄顷、林康侯、朱学范、蒋建白、潘公弼、梅龚彬、吴修、姜豪、周寒梅、刘湛恩、彭文应、萧延芳、陈洛成、黄造雄、顾继武、徐则骧、邹韬奋、李文杰、周邦俊、王屏南、钱剑秋、金光帽、黄定慧等二十七人,监察委员钱新之、童行白、潘公展、黄任之、骆清华、郭沫若、章乃器、钱俊瑞、周学湘、袁仰安、俞松筠、杭石君、邵虚白、林克聪、史良等十五人。

[通电全国]

全国各机关各团体各报馆各学校各界同胞钧鉴:日寇之侵略暴行,已受全世界友邦之谴责,国际对日之杯葛运动,已如怒涛而起。行见之经济结构脆弱之日本帝国主义,必将为和平正义之浪潮所吞没。吾人身受荼毒,痛深切肤,尤应予敌人经济以严厉之打击,使其战斗力由动摇而迅速崩溃。当此存亡荣辱决于俄顷之际,对日经济绝交,实为后方民众抗敌最有效之武器,亦为抗战到底、誓不屈服之积极表现。本会由本市各界组织成立,除切实与敌周旋外,并请全国各界一致动员,组织对日经济绝交执行机关,以贯彻抗敌之使命。时机迫切,稍纵即逝,惟同胞急起图之。上海市民对日经济绝交委员会叩。佳。

(《申报》1937年10月10日)

14 日　上海市各界抗敌后援会呈稿

谨呈者：查本会成立之初，即以政府已见全面抗战之决心，本市为中外观瞻所系，抗战重心之一，所负责任既极重大，应做工作自极繁多，故对于各界人士不分在朝在野，不论党内党外，凡其德望素隆、办事热心或具专门技能者，莫不设法延揽，推为委员。盖亦期其各展所长、各尽所能，以收合作之宏效，而获胜利于最后也。以地方士绅言之，如王晓籁、杜月笙、钱新之、黄任之、金润庠、柯干臣等，均为本会主席团主席；秦润卿、褚慧僧、李馥荪、颜福庆、徐佩璜、顾馨一、沈怡、黄伯樵、陆伯鸿、闻兰亭、屈文六、陈小蝶、潘公弼、严独鹤、胡朴安、徐寄庼、郭顺、林康侯、胡西园、江问渔等，或为本会执监委员，或为本会特种委员会主任委员，具能群策群力，一心一德。故本会从事抗敌后援之工作，幸无殒越。兹将地方士绅担任本会主席及各种特种委员会主任委员者分别列表说明其工作之态度，请即鉴核，转呈中央。谨呈。

主席团

姓　名	担任职务	工作态度	备　注
杜月笙	主席　筹募委员会主任	工作努力	
王晓籁	主席　慰劳委员会主任		
钱新之	主席　前供应委员会主任		
金润庠	主席　慰劳委员会副主任		
黄任之	主席		
柯干臣	主席		
吴蕴斋	筹募　委员会副主任		
秦润卿	同上		
李馥荪	同上		
顾馨一	民食调节委员会主任		
严独鹤	宣传委员会副主任		
潘公弼	同上		
黄伯樵	前交通委员会主任		
徐佩璜	交通委员会主任		

续表

姓　名	担任职务	工作态度	备　注
陈小蝶	慰劳委员会副主任		
颜福庆	救护委员会主任		
沈　怡	技术委员会主任		
彭文应	设计委员会主任		
林康侯	设计委员会副主任		

(《上海市各界抗敌后援会》,第369～371页)

15日　组织北方慰劳团事

[本报讯]上海市各界抗敌后援会,日前发起组织北方慰劳团,并会同上海各团体共策进行。昨日该会主席团邀集各团体负责人讨论筹款办法,到该会主席团王晓籁、杜月笙、金润庠、钱新之、潘公展、童行白、张寿镛、柯干臣、黄任之,秘书长陶百川,及市党部姜怀素、蔡洪田,地方协会刘鸿生,市商会徐寄庼,银行业同业公会吴蕴斋、林康侯,钱业同业公会秦润卿、邵燕山,交易所联合会张慰如、闻兰亭,棉布业同业公会夏献迁,纸业同业公会刘敏斋,绸缎业同业公会骆清华,卷烟业同业公会丁原卿、陈楚湘,总工会朱学范,文化建设协会黄敏斋,各大学联合会黎照寰,会计师公会奚玉书,医师公会汪企张,国医公会丁济万,新药业公会许晓初、周邦俊、许冠群,铁业公会陈贵生、张浩如,五金公会张莲芳等。当由潘公展、王晓籁、杜月笙、张寿镛、吴蕴斋等先后致词,当场议决筹募慰劳金五十万至一百万元,并决定由到会各代表尽先认捐,共得二十五万余元。内计银行公会认捐五万元、钱业公会二万五千元、交易所联合会二万元、市商会二万元、地方协会一万二千元、总工会一万元、市党部五千元、文化建设协会五千元、钱(铁)业公会五千元、五金业公会五千元、卷烟业公会五千元,又陈楚湘五千元、棉布业公会五千元、纸业公会五千元、妇女慰劳会五千元、大学联合会五千元、医师公会二千元、国医公会二千元、会计师公会二千元。并经议决:一、公议请米业公会捐二万元,请市政府捐一万元,请纱厂业公会捐一万元,请各报馆捐一万元,请律

师公会捐五千元，请轮船业公会捐五千元。以上均由主席团负责分别接洽劝募。二、认捐款项限于一星期内缴由市商会及地方协会代收。三、关于组织北上慰劳团之具体计划，由上海市各界抗敌后援会计划接洽办理。四、凡认捐团体，每一团体派代表一人参加慰劳团。五、未加入认捐之团体，由抗敌后援会继续征求及劝募。

（原载《大公报》1937 年 10 月 15 日，
引自《上海市各界抗敌后援会》，第 401～402 页）

20 日　北上慰劳事毕南返

［本报讯］本市抗敌后援会日前推派黄炎培北上慰劳。黄氏奉派后，会赴华北前线，向作战将士函致慰劳之意。记者兹向地方协会探悉黄氏顷已南返抵京，谅于日内即可返沪。

（《申报》1937 年 10 月 20 日）

21 日　在联欢社召开抗敌后援会主席团会议

十月廿一日主席团会议（联欢社）

到会者：徐佩璜、童行白、徐采丞、金润庠、徐永祚、俞松筠、陶百川、钱新之、黄任之、江问渔、王一吾、王晓籁、柯干臣、杜月笙、张寿镛、吴蕴斋、张慰如、李廷安

主席

报告事项

李廷安：

上海目下病床四千二三百张，而伤兵每日有千人，以致收发站常有不敷送发之苦。好在中山医院即日起可收五百人，颜亦设法在中央研究院等处收五百人。最好能在邻近租界地，如交大等处添设后方医院。

俞松筠：

前方救护队目下名目繁多，虽甚热心，惟不能统制，故伤兵尽量送来，漫无限制。

颜福庆：

伤兵每人每天约需六角七分，救护队目下本会尚有三队。

黄任之：

报告至津浦、平汉路经过。最重要者莫如使各方团结一致。

江问渔：

目下徐州一带形势很好，当地有民众组织委员会。桂军尚是单衣，函须大氅。

陶百川：

军部来电，口罩可否捐至本部统筹支配。

决议事项

一、救护会应如何改进案。

议决：A. 统制救护队交卫生局办。

B. 请庞京周回沪主持红会，多开联席会议。

C. 给养归军部负担。

D. 红会与本会须一致联合，不可分开。

(《上海市各界抗敌后援会》，第 182～183 页)

22 日　在联欢社召开抗敌后援会主席团会议

十月廿二日主席团会议(联欢社)

到会者：骆清华、徐永祚、潘公展、陶百川、钱新之、张寿镛、王晓籁、杜月笙、沈怡、徐佩璜、王一吾、童行白、俞松筠、徐采丞、黄任之、李廷安

主席

报告事项

一、交通部复电，为接收车辆租价太高外常困难(先由杜、徐与宋部长接洽)。

二、外交大楼伤兵收发站内容亟须改进。

讨论事项

一、军政部来电请将口罩运部以便平均分配案。

议决：尚有面具五千具，制成后运部。

二、外交大楼收发站应如何改进案。

议决：先请俞松筠负责办理。

（《上海市各界抗敌后援会》，第 183～184 页）

22 日　赴浦东同乡会聚餐，并报告山东前方作战及九国公约会议情况

午，赴浦东同乡会聚餐。“李伯申作主人。到者陈蒲生、陈陶遗、陈澜生、叶玉虎、褚慧僧、诸青来、赵叔雍、王志莘、温钦甫、胡政之、颜惠庆、许克诚、黄任之、张榕西。”（《日记》，第 1209 页）张耀曾日记云：“午，浦东大楼聚餐。黄任之报告：一、山东前方作战似不甚努力，韩向方自出督战，亦无剧战，似日军不进，故暂得保持原界。鲁舆情不信韩可积极抗战，韩心境亦确难知。鲁教育界向分四派，现经调停，由梁漱溟等合作主持，已归一致。二、九国公约会议，我应如何应付，已由外交部提出研究之点，甚为详细。闻日人责我未守九国公约，如未照约设咨询委会、内蒙独立未援约办理等。参议会意见，如公约会开会前，各国征询意见，则我当‘在尊重九国公约之原则下，愿听取各国友好之意见’复之。任之并述汪精卫意愿，骏人及余以函电陈述意见云。”

（《张元济年谱长编》，第 1075 页）

23 日　赴张耀曾寓所座谈设立民意机关事宜

晚，赴张耀曾寓所座谈。张耀曾日记云：“晚约同人在政治有兴味者，谈设立民意机关事。到张菊生、陈陶怡（遗）、李伯申、胡政之、许克诚、黄任之、褚慧僧、沈衡山。”“同人意见多以为在此抗战紧急之状态下及一党独裁、一人独裁之习惯中，欲组成真实有效之纯民意机关，实不可能，故结局所谓民意机关，不过一个无基础、无实效之空中楼阁，壮观瞻而已，故其有无如何，殊无深论之必要。余对此议论，亦有同感，惟觉尚有再考之必要耳。同人并谈及上海及附近军警借故勒索人民之事实，及各方办理救护中饱款项各事实，相与慨叹，觉民族习性如此，前途真少改进之望也。”

（《张元济年谱长编》，第 1075 页）

24日　赴浦东同乡会聚餐,研究时政

午,赴浦东同乡会聚餐。“李肇甫之约。到者黄任之、张榕西、胡政之、赵叔雍、邹韬奋、陈澜生。此外均未见过者。”(《日记》,第1210页)张耀曾日记云:“李伯申在浦东大楼召集文化组商思想制敌方法。邹韬奋以致蒋、汪电反对休战及调解者请署名,其大意虽未差,然只是高调,并无办法。以言宣传民意则可,以言实用殊有限。且已署名者为孙宋庆龄及所谓救国六君子,除一二人外素无联系,突共行动,必致外间误解。余故拒绝之,在坐者,署不署各半也。后讨论所拟思想制敌方案……”

(《张元济年谱长编》,第1075～1076页)

24日　在国际饭店召开抗敌后援会主席团会议

十月廿四日主席团会议(国际饭店)

到会者:黄任之、杜月笙、童行白、金润庠、王一吾、张寿镛、钱新之、颜福庆、俞松筠、陶百川、朱学范、潘公展、褚辅成、彭文应

主席

报告事项

俞松筠:

最近分发站改进状况,已有房79间足容千人,惟缺乏棉被六七百条及单衣裤,又器械药品亦缺。

第二院系姚锡九所办,现拟缩小至150床,余250床归徐四亭继续。

设立官长病室,指定红会第一医院,将来再行添设。

陶百川:

中央来电嘉奖本会,并盼继续努力。

朱学范:

病兵颇多,须设医院。

金润庠:

供应会应付未付款除存外有63,794.86元。

褚辅成：

检查科加聘胡厥成、王佐才为副主任。

经费可否将中日贸易协会余款拨用。

童行白：

九国公约各团体谈话会急须将意见发表，最好设计会联合办理。

讨论事项：

一、如何改进医院内部案。

议决：由本会、慰劳会、救护会、红十字会、红卐字会五团体出面，于十月廿七日下午四时假浦东六楼举行院长谈话会。

公共租界方面请江一平先生办（应交涉）。

法租界方面请齐云青先生办（应交涉）。

二、战地服务团团长姜怀素，副团长朱学范、杨家麟，请予通过聘任案（秘书长提）。

议决：通过。

三、分发站急需运送车二辆请为设法案。

议决：交交通会及地方协会核办。

（《上海市各界抗敌后援会》，第184～185页）

25日　在国际饭店召开抗敌后援会主席团会议

十月廿五日主席团会议（国际饭店）

到会者：钱新之、杜月笙、许冠群、金润庠、陶百川、沈怡、庞京周、张寿镛、王揆生、王一吾、俞松筠、柯干臣、颜福庆、徐永祚、潘公展、徐佩璜、黄任之、刘鸿生、李廷安

主席

报告事项

一、庞京周报告南京中央救护组织状况。

二、颜福庆报告，陈姓军官宝隆医院328元已付讫出院。

三、日报公会北上慰劳捐仅认一千五百八十七元（交钱新之先生办）。

讨论事项

一、监督委员会应推出席本会代表二人案。

议决:推虞洽卿、徐寄庼。

二、交通委员会请追认车辆租费第一、二两月遗漏数计二万一千六百元案。

议决:先推监会会计师审查再核。

三、红十字会应否派员列席本会案。

议决:函红会推派一人。

四、救护委员会拟请添聘林康侯、黄任之为副主任委员案。

议决:通过。

(《上海市各界抗敌后援会》,第186页)

26日　在国际饭店召开抗敌后援会主席团会议

十月廿六日主席团会议(国际饭店)

到会者:金润庠、柯干臣、张寿镛、黄任之、沈怡、杜月笙、陶百川、俞松筠、刘鸿生、徐永祚、许冠群、王一吾、钱新之、徐佩璜

主席:杜月笙

报告事项

柯干臣:

北上慰劳捐市商会方面已收到76,225.62元,已解中汇。

徐永祚:

今日止	已付	未付
供应	319,223.49	64,369.06
交通	424,480.00	
技术	75,000.00	60,000.00
救护	85,000.00	
救济	75,000.00	
共计	978,703.49	124,369.06

俞松筠：

外交大楼分发站已较前进步，惟事务方面尚嫌不周，容再改良。

陶百川：

保管科金银器皿共计一万余件，结果缺少四件，计值 78.10，现拟赔偿了案。

讨论事项

一、北上慰劳究以购办何物为宜案。

议决：先行电询阎、冯、韩、程及蒋夫人，俟复后再行核办。

二、金银物品调换公债手续复杂应如何办理案。

议决：先推骆清华、李文杰研究再核。

三、供应交通等会报销手续应如何办理以期迅速调换公债案。

议决：各会报销速分批送呈财部核销，俾得逐批调换公债。交徐会计师会同各会从速办理。

四、交通会函以祥生车行曾供给市警察局汽车廿余辆一再核减尚需 2,400 元可否核付案。

议决：应直接向征用机关索取。

五、砂石业公会呈为炸伤船驳炸毙船夫请予抚恤案。

议决：转八十八师。

（《上海市各界抗敌后援会》，第 186～188 页）

26 日　赴浦东同乡会

是日闻大场失守。午，赴浦东同乡会。"胡政之作主人。到者叶、温、陈（陶、澜）、李、赵、薛、王、沈、张、黄、许、褚、诸。"（《日记》，第 1210 页）张耀曾日记云："午，浦东大楼聚餐。沈衡山报告情形后，余陈述三点：一、下层民众不能尽了解抗战意义，故多不能真诚赞助。军政当局征用民力，往往超过必要，且有假借战时敲剥人民者，此于抗战前途大有不利，惟有实行国家总动员法，派员分向乡村城市训练指导下层民众，彻底了解抗战意义及个人应尽之义务及方法，以期发生真实力量。一面派员视察军政机关，征用民力是否得当,予以纠正,以保养抗战实力。二、外交之民间须主张正论,而政府须运用手段,故民间与政府目的不可不同(统)一,而论调不必尽出一辙,此须彼此谅解而不可稍为误会。三、在此时言民意机关,恐不异空中楼阁,但既有设立之计划,则务求其能有基础、能有实效,并务注意不使人假此民意名义负之而驱。"

(《张元济年谱长编》,第 1076 页)

27 日　在联欢社召开抗敌后援会主席团会议

十月廿七日主席团会议(联欢社)

到会者:王晓籁、杜月笙、钱新之、陶百川、骆清华、徐永祚、徐佩璜、金润庠、潘公展、柯干臣、张寿镛、俞松筠、颜福庆、徐采臣、许冠群、黄任之、许晓初、王一吾、朱学范

主席:王晓籁(钱新之代)

报告事项

颜福庆:

伤兵医院大部在租界内,仅国际一、二两院在沪西,现拟将轻伤送内地,而将重伤移租界。

潘公展:

救济会经费仅能再维持一个月,运输已停止,现拟与国际救济会设法。

(《上海市各界抗敌后援会》,第 188 页)

是月　至济南募集棉背心一万两千件

偕江问渔至济南募集棉背心一万两千件。返沪途中,火车在柳泉被敌机轰炸,机车被毁。

(《黄炎培年谱》,第 120 页)

11 月

2 日　转呈开办里弄小学等办法

案准本会设计委员会函送开办里弄小学及流浪儿童学校办法一份，并请核转。等由。准此。核其所称，颇有见地。为特检附原办法一份，备文转呈，仰祈钧局鉴核。谨呈

上海市社会局

附呈开办里弄小学及流浪儿童学校办法一份。

上海市各界抗敌后援会

杜月笙　张寿镛　金润庠

主席团王晓籁　潘公展　黄炎培

钱新之　童行白　柯干臣

中华民国廿六年十一月二日（印）

上海市各界抗敌后援会设计委员会文化组研究报告（总字第五十八号文字第六号）

开办里弄小学及流浪儿童学校办法

十月廿二日

一、开办目的

教育没有学校可进的儿童，及父母无能力送儿女进学校的儿童，甚至无父母而流浪街头的儿童。

二、开办方法

（一）每校须有教师二人。

（二）借小学放学后的校舍或住家客堂等为校舍。

（三）每校招收儿童不得超过五十人，男女兼收。

（四）每日上课二小时至三小时，课程有国语、战时常识、写字、唱歌等。课本采用教育部编短期小学课本，或生活书店新出战时读本，或从前国难教育社出版国难课本。

（五）每校经费，教师津贴十四元（每人七元），房租等五元，杂用一元。

（六）里弄小学可以酌收学费，但每人每月不得超过五角。流浪儿童学校不收学费，并供给书籍。

三、应开办的校数

估计全上海有本办法第一项所开资格的儿童至少有五万人，所以应有一千所。但本会经费有限，人才有限，所以应照下列办法进行。

（一）函请社会局举办一百所。

（二）令本会各团体每团体至少办五所，约可得五百所。

（三）鼓励私人出资出力举办四百所。

四、教师及指导方法

（一）本市失学失业青年极多，由本会施以短期训练，即可担任教育工作。

（二）本会函请社会局特别指定专员负责指导。

（三）每个团体若已举办五所以上者，须有负专责的指导员一人。

（《上海市各界抗敌后援会》，第475～476页）

3日　转呈上海市社会局“核准登记各团体名单一纸”

案准本会组织委员会抄送第二批核准登记各团体名单一份并请转呈鉴核备案。等由。准此。除分呈市党部外，理合抄附原件备文转呈，仰祈钧局鉴核备案，俾全手续。谨呈

上海市社会局

附呈核准登记各团体名单一纸

上海市各界抗敌后援会主席团杜月笙
张寿镛
金润庠
王晓籁
潘公展
黄炎培
钱新之
童行白
柯干臣
中华民国廿六年十一月三日(印)
(《上海市各界抗敌后援会》,第388页)

5日　赴浦东同乡会聚餐

午,赴浦东同乡会聚餐。"陈陶遗作主人。到者颜、叶、张、李、诸、黄、沈、褚、胡、赵、陈(澜)、温,宾主十四人。"(《日记》,第1213页)张耀曾日记云:"黄任之由京回报告。国防最高会议决定,如上海不守,即将各势力撤退,不使再为繁荣中心,惟仍候蒋介石先生为最后的决定。……又任之谓,京中传说日本条件六点,除内蒙国、华北五省、上海及空军与余前日记者无殊外,尚有两点,即海南岛与台湾开航空线,以蒋先生下野是也。"

(《张元济年谱长编》,第1077页)

5日　在国际饭店召开抗敌后援会主席团会议

二十六年十一月五日主席团会议(国际饭店)

到会者:金润庠、张寿镛、刘鸿生、童行白、王晓籁、钱新之、许冠群、俞松筠、陶百川、徐寄庼、骆清华、杜月笙、潘公展、颜福庆、徐佩璜、黄任之、徐采臣、萧延芳

主席:金润庠

报告事项

刘鸿生:

雨衣至少须一元六角。北上慰劳品如有价贵者请提出。

俞松筠:

伤兵需用棉衣裤及袍子。

颜福庆:

经济发生问题,仅剩三千余元,已谒宋部长,据称应由政府负责。

陶百川:

A. 顾维钧复电,决尽力照政府指示做去。

B. 欢迎孔事信已来,云俟转京候复。

C. 朱毛电捷,已去电嘉慰。

D. 文化救亡协会等五团体被抄查。

讨论事项

一、救护会经济发生问题应如何办理案。

议决:先由本会借二万元,并推王、钱、杜、潘、张于明日午宴国际会华委商议。

二、文化救亡协会等五团体被抄本会应否援助案。

议决:推奚玉书与何德奎接洽。

三、秘书长请假赴京案。

议决:照准一星期。

(《上海市各界抗敌后援会》,第195~196页)

6日　在国际饭店召开抗敌后援会主席团会议

二十六年十一月六日主席团会议(国际饭店)

到会者:王晓籁、金润庠、徐永祚、许冠群、颜福庆、杜月笙、黄任之、陶百川、潘公展、钱新之、柯干臣、童行白、徐佩璜

主席:黄任之

报告事项

陶百川：

文救等五团体今日曾推代表来会接洽，要求交：1.撤回巡捕。2.发还文件。

潘公展：

失业工人救济会预算迄未批出，现登记者达四千七百余人，拟有节略请陶带京。

（《上海市各界抗敌后援会》，第 196 页）

6 日　离开上海，赴汉

因淞沪我军败绩，即将撤守，于是日离沪赴汉。

（《黄炎培年谱》，第 120 页）

8 日　原定赴浦东同乡会聚餐，研究时政

访潘明训，“交善本提要十种”。“到公司。借拔翁车到浦东同乡会。原定任之作主人。因于昨日先行，许克诚代。到者叶玉虎、褚慧僧、胡政之、张榕西、陈陶遗、李伯申、诸青来，最后至者赵叔雍。”（《日记》，第 1213 页）张耀曾日记云：“午，浦东大楼叙[聚餐]，知任之已行矣。余陈述此后国内恐有二种动向：一鉴于南北战事节节失利，外交亦无实力援助，不免倾向速谋结束战事一面；一则谓败战本在意料之中，外交援助亦非旦夕可期，要在持久抵抗，以俟外交及地方变化，自可收最后胜利。若中途妥协，直是一败涂地，自取亡国。”

（《张元济年谱长编》，第 1078 页）

18 日　自南京乘轮船前往汉口

自南京乘轮赴汉口。某君出示明末龚半千辈江南名士画十二帧，题回绝。时淞沪已失，南京亦沦落在即，故有句云：

姓氏遗民认是非，风流王谢怆乌衣。
不堪三百年前后，再见江南敌骑飞。

（《黄炎培年谱》，第 120～121 页）

12 月

15 日　其《廿五史篇目表》一文录入《张菊生先生七十生日纪念论文集》

张菊生先生七十生日纪念论文集

三开本，硬布面精装一册，定价六元特价四元二角，国内邮费连挂号费二角三分，特价期二月九日至六月六日。

廿六年度第六次特价书二十种之一，蔡元培、胡适、王云五合编。

海盐张菊生先生致力文化事业垂四十年，其躬自校勘之古籍，蜚声士林，流播至广，对于我国学术之发阐扬，厥功尤伟。近值张先生七十生日，蔡孑民、胡适之、王云五三先生以张先生素极反对世俗庆寿之举，但为社会学术努力数十年如张先生者，社会应有一种敬礼的表示，因发起征集论文，刊行专册，以为纪念。本集共载论文二十二篇，分为总类、哲学、社会科学、语文学、自然科学、艺术、文学、历史八类，执笔者俱属国内雅负时誉之专家，各文内容均系著者研究之结晶，广博精深，自不待言。全书计三十余万言，布面精装一矩册。

本书篇目

中国学术史上汉宋两派之长短得失 …………………………… 张君劢

历代藏经考略(附图) ………………………………………… 叶恭绰

周易三陈九卦释义 …………………………………………… 蒋维乔

《老子》这部书对于道家的关系 ……………………………… 唐　钺

述陆贾的思想 ………………………………………………… 胡　适

多元认识论重述 ……………………………………………… 张东荪

唐代经济景况的变动 ………………………………………… 陶希圣

中国战时应采的财政政策 …………………………………… 张天泽

特价书每星期日公布一次,目录备索,商务印书馆出版。

(《申报》1937 年 12 月 15 日)

18 日　遗失日记一册

应张岳军的邀请,自汉口江汉路民生实业公司乘坐黄包车,前往法租界吕钦使街五号金城银行戴君宅。下车时遗失一册廿六年国民日记。

(《黄炎培日记》第 5 卷,第 235 页[①])

18 日　与潘宜之长谈

与潘宜之长谈。

(《黄炎培日记》第 5 卷,第 235 页)

① 凡引《黄炎培日记》第 5 卷均择其要而录之。

18日　与卢作孚谈话

与卢作孚在其病榻前谈话。

(《黄炎培日记》第5卷,第235页)

18日　在海军青年会聚餐

与梁漱溟、李幼春、左舜生、晏阳初、沈衡山、杨赓陶、瞿菊农在海军青年会聚餐。

(《黄炎培日记》第5卷,第235页)

18日　前往湖南长沙

与杨卫玉、朴寺、杨绍曾坐车前往湖南,傅守璞送行,过江后则由陆叔昂、金轮海送至宾阳万车站,坐二等卧铺车才能够武昌到长沙,夜里一点启程。

(《黄炎培日记》第5卷,第235页)

19日　由湖北去往湖南

由鄂赴湘。读《毛泽东自传》。途次成七律二首:

忽焉幻灭讶无名,大好河山却曲行。
泪尽湘江来作客,梦回歇浦去鏖兵。
二陵风雨先灵在,一部虫沙儿戏成。
水火十年荒大计,盈廷今日可销声。

风急船飞走百官,攀舷露泣满江干。
已空杼柚嗟微命,每献刍荛感万端。
遍唱攘夷求助寡,尽排异己叹才难。
千秋滂母伤时语,生死何时义在安。

(《黄炎培年谱》,第121页)

19 日　至长沙

宿洪家井一号上海银行宿舍。在长沙街头为一人力车夫解围。

（《黄炎培日记》第 5 卷，第 236 页）

20 日　访朱经农

访朱经农教育厅，问湖南省近况，会见教育部员吴跹因及薛某。

（《黄炎培日记》第 5 卷，第 236 页）

21 日　与李根源碰面

在长沙于程颂云（潜）处，晤见李根源（印泉）。闻李应新疆督办盛世才之邀将赴新，乃劝李向盛建议三事：（1）日军正自包头进兵宁夏，压迫马家军；盛宜以国家民族利益为重，不分畛域，为马之后盾；（2）盛在新和苏联的关系密切，并应介请苏联亦为马之后盾；（3）中共和宁马之间的关系，盛亦应力为调解。

（《黄炎培年谱》，第 121 页）

22 日　与湖南省主席张治中谈省政有关问题

偕杨卫玉访湘省主席张治中，畅谈省政有关诸问题。异日，张治中来谈。时正因国事将上书蒋（介石）、汪（精卫），有所陈述，遂即以函稿示张；并借机向张治中进言：遇事应处以公正，不宜因党派不同有所偏袒。并力陈既欲抗战到底，必须国共切实合作到底。

（《黄炎培年谱》，第 121 页）

23 日　与傅斯年谈论国际近况

与中央研究院傅斯年谈论国际近况，似乎英美对日有发动倾向。

（《黄炎培日记》第 5 卷，第 237 页）

23日　与陈维纶计划职教事宜

与陈维纶计划西南地区职教事宜。

(《黄炎培日记》第5卷,第237页)

24日　与杨卫玉一同拜访朱经农

与杨卫玉一同拜访朱经农,约定12月25日演讲事宜。

(《黄炎培日记》第5卷,第237页)

25日　前往中山堂演讲《怎么唤起老百姓抗敌》

应长沙小学教师寒假服务团之邀前往中山堂演讲。演讲题目《怎么唤起老百姓抗敌》,演讲要点:(一)识得民众心理——第一句该说什么话?政治腐败,人民痛苦的事实报告团长;(二)不谈理论,多举事实——併村,女师喂狼,平车女污,京扬惨杀;(三)以身作则,脚踏实地。途中遇到方友鹤。

(《黄炎培日记》第5卷,第237页)

25日　与生活书店分店经理严长庆会面

在生活书店分店与经理严长庆会面。

(《黄炎培日记》第5卷,第237页)

25日　至妙高峰中学拜访方小川

至妙高峰中学拜访方小川,与其谈论青年思想问题。

(《黄炎培日记》第5卷,第238页)

26日　访丁文江墓

访丁文江墓,登爱晚亭。

(《黄炎培日记》第5卷,第238页)

27 日　前往长沙市政府谈话

应小学教师寒假服务团流动教育组之邀前往长沙市政府谈话。

（《黄炎培日记》第 5 卷，第 238 页）

27 日　与朱经农话别

和杨卫玉一起至教育厅同朱经农话别。

（《黄炎培日记》第 5 卷，第 238 页）

28 日　与八路军代表徐特立畅谈

八路军代表徐特立来访，纵谈国际形势。对徐特立说："立国要有力量，要能自立；但同时也要有朋友，不可孤立。"中饭后，去东长街徐氏宗祠明达小学拜访徐特立。

（《黄炎培日记》第 5 卷，第 239 页）

28 日　与张文白讲述国共合作抗战主张

与张文白讲述"既欲抗战到底，必须国共切实合作"的主张。

（《黄炎培日记》第 5 卷，第 239 页）

28 日　前往桂林

午后二时出发前往桂林。

（《黄炎培日记》第 5 卷，第 239 页）

28 日　作《登岳麓拜丁在君墓》

写成《登岳麓拜丁在君墓》五古一首，全文如下：

登岳麓拜丁在君墓

天寒湘江深，乱流客争渡。行行望大麓，丹薨岩薜护。鲁殿犹岿然，思新制存故。考亭与南轩，即此倡酬处。忽闻泉琤淙，一亭山之跗。行尽径荦确,村人指丁墓。丁生朴学者,大块究元素。于学无不窥,密察文理具。亦善策天人,乘时稍展布。翳惟吾与君,笑谈杂攻错。龂龂曾勿辞,席终无抵牾。丁卯星浦湖,从游溘朝露。遗蜕何所归,买山共营厝。岂意不十年,哭君既封树。中邦正殄瘁,人亡一何遽。君生亦何堪,两京寇全踞。东南惜上腴,长城北失据。我闻元兵来,兹郡策防固。守者舍生百,临危无返顾。城亡尽俱亡,高义泣行路。诸生今踔发,投笔战场赴。忠孝与廉节,心源远堪溯。岳云郁森森,江海回流怒。龙蛇发杀机,大地若或遇。中兴一成夏,亡秦三户楚。以此慰九京,策功岂旦暮。嗟哉我中华,艰难困天步。水火亦有年,到今促微悟。于己求自立,于人求多助。遗言尊先识,到堪察加去。

(《黄炎培日记》第5卷,第239页)

29日　至衡山,形成报告一篇;至衡阳,宿长春旅店

天微明,勉开车至衡山,就点心店食,写昨诗。

九时,晤一湖县府长谈,结果作函致文白报告地方实况,附以意见:一,关于伤兵;二、关于财政;三、关于征兵,末关于行政机构。一湖以学者从政,只有痛苦,无所展布,有辞职意。函长沙伤兵管理处汪强(伯平)。

午后二时行,五时顷至衡阳,中央机关迁此者骤多,食宿皆告客满,宿于未设电灯之长春旅店,食于东华饭店,浴。

访李任潮(济琛)于东华,谈略畅。

(《黄炎培日记》第5卷,第240页)

30日　至祁阳,宿三吾旅馆

汽车风扇带烧坏,尽力录觅,或购或借,至中午始购得。午餐后二时行。

阅《镜花缘》,海州许乔林石华撰,然自序诡称著者北平李松石。余十二三龄读书东野草堂时阅过。

晚仅至祁阳,微雨中携行李宿城外三吾旅馆,其污秽逼仄内地旅店所惯见,遂亦安之,竟获酣睡。

汪典存亦抵此，来略谈。

长沙至祁阳290公里，祁阳至桂林255公里，长沙至桂林545公里。祁阳至零陵51公里，祁阳至衡阳106公里。

（《黄炎培日记》第5卷，第240页）

31日　自长沙抵桂林

晨八时半出发，仍微雨。汽车渡湘水，过零陵渡潇水，午前十一时半抵黄沙河，此为湘桂两省交界处，渡江入广西全县界，登岸，凉亭下桌陈花生，每一堆围以竹丝，售大铜子一枚，无人管理，任客自购。自黄沙河至桂林一百五十二公里，渡江岸立大字牌——建设广西，复兴中国，发动民族革命战争。标语为妇女说者甚多。入吉安社餐，社揭营业税收据——上年分营业额二〇〇.〇〇，应纳下期税〇.四〇，附加救国捐〇.〇八，由全县而兴安县，见山形都似土馒头，如无数小姑山置于陆地，经漓江，俗名大榕江，经灵川县渡甘棠河。五时半入桂林城北门，至乐群社，克诚已先至，见马君武，志莘夫妇。

黄旭初主席就其家邀餐，同席雷惠南（殷）、林隐青（虎）为、黄夫人、白鹏飞夫人。

民国廿六年除夕，自长沙抵桂林

破碎河山梦里尘，萧条行李岭南身；
离家杳杳三千里，生我辉辉六十春。
二水源通湘合桂，一年节尽旧更新；
请缨写遍千门帖，三户兴亡卜楚秦。

夜，李任仁、陈绍先来长谈。

得学潮十一日、惠泉十二日、胡叙五十三日沪信、敬武沅陵十九发信。

参考关于灵渠文，在《文选》卷中。

（《黄炎培日记》第5卷，第240页）

是年　收到朱霖、熊芷的书函

朱霖、熊芷致黄炎培函

任之老伯阁下：

久未晤教，景企时深。此次全国抗战，老伯领导群众，援助后方，功比酂侯，钦佩无量。侄等虽在南昌，但亦趋步杖履，鼓励民众妇女，备尽后方义务，尚乞时加指导，俾有遵循。惟侄等窃有请者，南方健儿有沪上物质援助，可告无憾，而北方军队，刻值此冬寒将届之时，最需要者为防寒衣物，前见报载宁夏、甘肃地方，愿以皮毛贡献，换领救国公债，不知能得若干？但察、绥已遭沦陷，皮毛购置为难。侄等吾国人居南方温暖区域，人自留皮衣一件，即可御寒，所余贵重皮套、皮挂、皮袍，均可捐助前方，制成背心。以上海及各省市，每人平均各捐出一件，集有十万人，即可得皮衣十万件，改制背心，可得二三十万件，则前方军士不致困于冻寒也。侄等请从隗始，先捐旧贵重皮衣十件，寄呈尊处，请代改制背心，(有人谓贵衣不如售脱，改换羊皮，侄意愈贵至愈足以感动将士，使知国人解衣衣我，无分阶级，一律平等也。)寄往北方，并请以此意提倡群众，或公开展览，则一狼或可集裘也，是否有当？乞赐卓裁。专泐，并叩台安。

侄朱霖、熊芷同启

(《黄炎培序跋记文书信选辑》,第 317 页)

是年　为五洲大药房三十周年纪念献言

五洲大药房三十周年纪念献言

一·二八之役，强敌陵轹，淞沪崩烂，其间以大企业而横被摧毁者，曰商务印书馆。夏屋灰烬，机铁镕铄，损失之巨，几难数计，以大家而惨遭戕贼者，曰五洲大药房总经理项松茂先生，见危授命，以身殉业，迄今遗骸不返，岂惟一姓之惨痛，亦人世之奇哀也已。四五年来，商务当轴，振衰起疲，已逐渐复其旧观，无待赘说。五洲大药房得松茂先生哲嗣绳武兄为之继，诸董事又皆劳谦以赴，于是蓬焉勃焉日益肸蠁，今且以十层新厦落成闻矣。百尺竿头，进步不已，忻慰自无可量，独念吾亡友松茂先生不及见此，重可悲也。

吾以为公司之组织，犹之乎国家也。范畴虽异，致力攸同，故奠基之始，必先固其本，浚其源，以始简之余功，谋百年之大计，及其日渐进展也，机构当益求其活动，管理当益求其缜密。权固不可旁落。利必归之大公，庶几指臂相连，声气无阻，进可以谋事业之稳固，退可以克环境之困难，方松茂先生之遽遭不幸也，全埠震惊，国人骇走，斯时公司之情势，不难逆想，顾不旋踵间，部署大定。秩序厘然，三军之帅虽夺，众人之志如城，盖诚信能相孚于平时，肝胆乃共倾于逆境，用能无损毫末，屹然不动也。比岁以还，商市凋落，公司厂号，覆没者相继于道，其长袖善舞者，亦皆从事紧缩，退藏恐后，五洲大药房既遭人事之剧变，复罹不景之氛围，独能妙运一心，搘柱现状，且从而发挥光大之，盖其根本异于恒流，绚烂乃臻于极致，初非有幸而然也，国人乎，企业家乎，观于五洲，当知所自反矣。

顾吾犹有一言以为五洲诸君告者，公司之设，固以增加生产，广沾利润为直接之目的，但自另一意义言之，则福利人群，增厚国力，亦为大企业家应有之怀抱，年来各地卫生事业，已在萌芽，故西药输入，为量极巨，加以国人畸形心理，乐用外货，于是附随西药而来之化装用品，亦极可观，故一方须极力改造，锐意模仿，以与舶来品一较短长，一方尤在研究固有药材，撷其精华，宏其效用，以为西药之替品，此应致力者一也。新医新药，政府虽在提倡，顾公医之制度未行，社会之救济未备，贫苦病者，视新医师仰不可攀，服新药力所难逮，医吾无论焉，若夫药，则当如何减轻成本，使取费不致过高，当如何便利平民，使实惠沾于大众，此应致力者二也。国步日艰，外侮日亟，我继委曲求全，人未必野心可戢，大祸之来，直迫眉睫，药用材料在平时已属必要，在战时尤所急需，故必于不妨营业之下，就需要最多，应用最广之各项药物，先事制储，以待万一，此应致力者三也。综此三者，或为药业公有之责，或为政府所宜预防，陈义虽不免过高，需要实甚形迫切，以五洲曾受切肤之痛，又执药业之牛耳，艰巨之责，当较他人多所负荷，兹者新厦既成，又值成立三十周年大庆，五洲有特刊之辑，而征吾一言，用成斯以归之。

（《黄炎培序跋记文书信选辑》，第138～139页）

主要引用资料

1. 黄炎培:《八十年来——黄炎培自述》,文汇出版社 2000 年版。

2. 黄炎培:《抗战以来》,国讯书店 1946 年版。

3. 陈伟忠主编:《黄炎培诗画传》,上海社会科学院出版社 2010 年版。

4. 黄炎培:《黄炎培日记》,华文出版社 2008 年版。

5. 柴志光主编:《黄炎培序跋记文书信选辑》,上海市浦东新区党史地方志办公室、上海市浦东新区黄炎培故居等编印,2018 年。

6. 上海图书馆馆藏:《申报》《新闻报》《新闻杂志》《民报》《立报》《大公报》《东方日报》《社会日报》《国讯》。

7. 上海市浦东新区档案局(馆)、上海市浦东新区文史学会编:《申报中的浦东(1872—1949)》(上册、中册、下册),上海三联书店 2019 年版。

8. 中共上海市浦东新区委员会党史办公室、上海市浦东新区地方志办公室、上海市浦东新区文史学会编印:《〈申报〉中的浦东史料索引(1919~1949)》,2009 年。

9. 上海市档案馆馆藏:《浦东同乡会档案》《浦东同乡会年报》。

10. 唐国良主编:《百年浦东同乡会》,上海社会科学院出版社 2005 年版。

11. 上海市档案馆编:《上海市各界抗敌后援会》,档案出版社 1990 年版。

12. 上海市档案馆编:《日本帝国主义侵略上海罪行史料汇编》(上、下卷),上海人民出版社 1997 年版。

13. 上海浦东新区政协学习和文史委员会、上海市浦东新区党史地方志办公室编印:《浦东抗日战争史料选编》,2015 年。

14. 穆家修、柳和城、穆伟杰编著:《穆藕初年谱长编》,上海交通大学出版社 2015 年版。

15. 王中秀编著:《王一亭年谱长编》,上海书画出版社 2010 年版。

16. 张人凤、柳和城编著:《张元济年谱长编》(上、下卷),上海交通大学出版社 2011 年版。

17. 唐国良主编:《杜月笙先生年谱(1937 年)》,上海市浦东新区文史学会等编印,2020 年。

图书在版编目(CIP)数据

黄炎培年谱. 1937 年 / 唐国良主编 .— 上海 : 上海社会科学院出版社，2023
ISBN 978-7-5520-4169-9

Ⅰ. ①黄… Ⅱ. ①唐… Ⅲ. ①黄炎培(1878-1965)—年谱 Ⅳ. ①K827=7

中国国家版本馆 CIP 数据核字(2023)第 165892 号

黄炎培年谱(1937 年)

主　　编：唐国良
责任编辑：邱爱园
封面设计：周清华
封面插图：李　琦
出版发行：上海社会科学院出版社
上海顺昌路 622 号　邮编 200025
电话总机 021-63315947　销售热线 021-53063735
http://www.sassp.cn　E-mail:sassp@sassp.cn
照　　排：南京理工出版信息技术有限公司
印　　刷：上海盛通时代印刷有限公司
开　　本：720 毫米×1000 毫米　1/16
印　　张：13.25
插　　页：6
字　　数：205 千
版　　次：2023 年 9 月第 1 版　2023 年 9 月第 1 次印刷

ISBN 978-7-5520-4169-9/K·704　定价：78.00 元